I0774541

E sussurrei ao cavalo

David Castro

Castro, David Guillermo
      E sussurrei ao cavalo. - 1ª ed. – Arturo
Segui. o autor, 2017.
      182 pág.; 23x16cm.

Castro, David
E sussurrei ao cavalo

Primeira edição: fevereiro de 2017

Design editorial: Mónica Champredonde e David Castro
Direção e Design de arte: Mariana Domic Radtschenko
Capa: Virginia María Lasta
Fotografia da capa: Mariana Domic Radtschenko
Adaptação do modelo: Virginia María Lasta
Pinturas: Tamara Esposito
Tradução: Manoela Franke Melgarejo Pilz
Correção: Maria José Bochese Guazzelli
Fotografias: páginas 48, 49 Nevzorov Haute Ecole, 172 Manino, 176 Mario
Greco

Aos meus amigos e mestres.

Prefácio

Este não é um livro: é uma compilação de escritos em momentos distintos. Alguns deles surgiram de discussões travadas com diferentes pessoas, tanto do meio equestre, como da área da saúde, educação e proteção animal; outros surgiram da minha própria necessidade de desenvolver e explicar os diferentes temas aqui tratados.

Em algum momento, pensou-se que estes escritos funcionariam como um apêndice do meu livro *El Silencio de los Caballos*, mas o trabalho se emancipou, seguindo seu próprio caminho. De qualquer forma, em *El Silencio de los Caballos* menciono alguns dos temas que são aqui desenvolvidos, o que é mais um dos motivos pelos qual achei conveniente publicar estes textos em forma de compilação: assim, aqueles que, tendo lido o meu livro, tiverem interesse em compreender uma outra maneira de aproximação com os cavalos, podem complementar a leitura através destes artigos. Sei que alguns temas continuam sem aprofundamento e que se abre o leque de temas relacionados com o que, a meu ver, se expressa na nossa relação com os cavalos. Minha principal intenção foi escolher artigos onde abordei temas que provavelmente não estarão em obras posteriores.

Os textos foram ordenados em uma sucessão temática que me pareceu coerente, mas que não segue necessariamente a ordem cronológica em que foram escritos. Embora tenham sido editados e preparados para esta compilação, nossa intenção foi mantê-los o mais próximo possível da sua versão original, evitando assim a tentação, tão comum nesses casos, de reescrevê-los. Quero confessar que não é uma tarefa fácil, sobretudo para quem tem um olhar inquieto ou crítico que, como eu, se reencontra com essa parte de si mesmo que o autor deixa na obra, mas que, definitivamente, já pertence ao passado.

Tudo isso me remete à frase de O Livro dos Abraços, de Eduardo Galeano: *"Afinal, somos o que fazemos para mudar quem somos. A identidade não é uma peça de museu, quietinha na vitrine, mas a sempre surpreendente síntese de nossas contradições cotidianas.*

E nessa fé, fugitiva, eu acredito. Parece-me a única fé digna de confiança, pelo quanto se assemelha à criatura humana, maldita, mas sagrada, e à louca aventura de viver no mundo".

David Castro
Arturo Segui - março de 2016

Algumas palavras sobre o meu caminho

Há pouco mais de quatorze anos, comecei meu estudo sobre cavalos. No início era puramente intuitivo e exploratório (por curiosidade), quase como uma brincadeira. Fiquei interessado em testar nos cavalos as técnicas de falcoaria que conhecia. A experiência foi tão mobilizadora que comecei a me instruir nas várias teorias e escolas, tradicionais e alternativas, que encontrava. Já apaixonado, mas totalmente direcionado na busca de uma relação harmoniosa com esses animais.

Depois de experimentar um período por mim mesmo, em 2002 juntei-me ao fundador do método de doma índia, Oscar Scarpatti, para estudar e colaborar com ele e seu filho por um tempo. Trabalhei alguns anos como domador índio e, tendo alcançado o domínio deste método, para continuar minha formação e exploração, decidi estudar o método de Klaus Ferdinand Hempfling. Desse famoso homem de cavalos, me atraíam muito seus trabalhos sobre linguagem corporal, a qual pratiquei por mais ou menos dois anos. Ainda não satisfeito, continuei meus estudos com o método *Liberty Training* de Carolyn Resnick.

A essa altura, comecei a assimilar as terríveis implicações para o treinamento de cavalos por qualquer técnica de pressão ou coerção para conseguir obter sua obediência. Decidi, a partir daquele momento, deixar definitivamente a doma índia. Tampouco me convenceram os outros métodos similares que estudei, como os de Monty Roberts, Pat Parelli, Mark Rashid, Lucy Rees ou outros expoentes da equitação natural. Me vi sozinho procurando aprofundar cada vez mais a minha pesquisa para poder responder com conhecimento à minha busca. Aos poucos me distanciei de meu querido amigo e mentor Oscar e seu filho, de quem ainda me lembro com carinho.

Continuei meu caminho com a determinação de experimentar e questionar até encontrar uma maneira de estar com os cavalos, livre de pressão ou coerção. A essa altura eu já tinha bastante conhecimento, experiência e senso crítico. Ficou claro que um dos ingredientes necessários era o interesse e a real participação do cavalo. Para mim, isso se tornou a coisa mais importante.

Embora o método de Hempfling e o de Resnick tenham me mostrado diferentes e interessantes facetas da relação com os cavalos, o que eles

O autor com a Wicca em 2006.
FOTO: Manino

contribuíram para minha busca foi basicamente a necessidade de abandonar todo tipo de intenção de controle no que se refere à relação e à educação do cavalo. Assim, uma vez que me aprofundei nesses métodos, também os abandonei.

No final de 2009, decidi não montar mais a cavalo até que este estivesse devidamente reunido em liberdade. Comecei por conta própria a exploração de uma forma de educação que estivesse baseada no jogo e na liberdade de movimento do cavalo. Em 2010, matriculei-me na Nevzorov Haute Ecole, uma escola de pesquisa, criação e educação de cavalos criada por Alexander Nevzorov e sua esposa Lidia Nevzorova. Após alguns anos fui incorporado ao grupo de alunos avançados e hoje sou representante da Nevzorov Haute Ecole na Argentina.

Arturo Segui, janeiro de 2013

Introdução

Durante as décadas de 1980 e 1990, o termo "encantador de cavalos"[1] torna-se popular, não somente no âmbito do mundo equino, mas também entre os não aficionados. Livros[2], filmes[3] e engraçados personagens entram em cena sinalizando o que veio a ser chamado de técnica de sussurro ou *horse whispering*. Depois surgiram jogos de palavras ou sinonímias, técnicas similares e até quem "escutava" os cavalos, mas a ideia associada a este conceito não mudou, na sua essência. Todos os termos e nomenclaturas, como "Natural" ou similares, estão sempre relacionados a algo positivo, algo melhor, uma opção de doma ou adestramento que representa uma certa gentileza do homem em relação ao cavalo. O termo, em seus primórdios quase relacionado ao mágico ou ao místico[4], um poder de se comunicar com os cavalos e assim obter a sua obediência e cumplicidade, é hoje sinônimo de uma técnica amigável e não violenta para ensinar o cavalo, e preservar a sua saúde física e mental. O caminho para uma relação "gentil" que nos assegure os frutos de uma amizade com aquele ser que tornamos submisso.

[1] Em inglês *horse whisperer*

[2] *O Encantador de Cavalos e El hombre que hablaba al oído de los caballos, por Nicholas Evans"*

[3] Também foi chamado *"O encantador de cavalos"*, baseado no livro homônimo de Evans.

[4] Veja a nota 23 em Os índios e seus cavalos que diz: Entre os Lakota se diz que existiu um clã denominado *Horse Whisperers* (sussurradores de cavalos) dedicado a domar cavalos considerados especiais, legados de Wanka Tanta. Esses cavalos tinham o valor de troca de 30 ou 40 cavalos comuns. No entanto, alguns afirmam que o termo encantador de cavalos faz referência a John Solomon Rarey.

Shadow e o encantador de cavalos

Eram belos sua força, seu espírito, sua liberdade. Um espírito íntegro e sem máculas. Uma vontade indômita. No seu galope fugaz, sua figura preta integrava-se com a noite e com as estrelas do horizonte. Pelas manhãs, seu brilho escuro se enchia de pérolas de orvalho e ervas, quando esfregava seu lombo na pradaria. Às tardes, a areia e a poeira dos seus banhos de terra matinais flutuavam no vento durante as corridas e brincadeiras, até o poço que ficava perto da casa. Os outros potros sempre chegavam antes, pois durante a corrida ele se dispersava dando saltos, corcoveadas e coices no ar.

Na casa, os olhos das crianças cintilavam com um brilho de emoção compartilhada ao contemplá-lo correr, brincar, passar ou simplesmente reluzir ao sol das sestas de verão e os meio-dias de inverno. A menor havia tocado no seu focinho, na colina, quando o potro se aproximou curioso para vê-la colher as flores para a festa de seu irmão. O irmão do meio ofereceu-lhe um pouco de pasto naquele dia em que lhe foi permitido acariciar e coçar a nuca. Mas somente o menino mais velho assobiava correndo para o riacho e conseguia fazer com que o potro o seguisse para ficar com ele sob o salgueiro ou caminhar junto dele ao longo da estrada - da margem até o limite das terras e do vale.

Então chegou o dia.

Naquela manhã, Shadow acompanhou confiantemente o menino mais velho até a porta do estábulo. O potro hesitou por alguns segundos na entrada, mas alguém o surpreendeu por trás com um sussurro suave e, ao *dar alguns passos, a porta se fechou atrás dele. Quando o menino saiu do curral, o potro virou ligeiramente a cabeça para verificar se não havia saída. Ele manoteou o chão com ansiedade. O estranho entrou uns minutos depois. Um homem bonito, de olhar gentil, profundos olhos claros, modos parcimoniosos e seguros. Ele nada fez, mas o potro se moveu, buscando uma distância segura, respeitosa. O paciente domador avançou uns passos e o potro começou a se mover com suavidade e leveza, buscando uma alternativa, uma saída. O homem esperou confiante - não havia saídas. O potro logo comprovaria que, sem poder fugir ou voltar para junto dos outros cavalos, tampouco havia cantos ou recantos onde se refugiar.*

Assim começou a aula e o potro, que era extremamente sensível, inteligente e confiante, "aprendeu" rápido. Talvez pela destreza com que o "mestre" domador se aproximou, descalço, do animal alazão, suado e que respirava agitado, para conseguir lhe sussurrar duas palavras: "bom menino".

É verdade, Shadow aprendeu rápido. E entendeu que quando aquele homem decidia se aproximar para sussurrar-lhe ou tocá-lo, não havia possibilidade de distância ou segurança alguma para ele. Entendeu que o macio e bonito buçal de corda era tão forte quanto as toras do curral e as cordas, tão resistentes quanto o alambrado. Aprendeu que o braço forte do homem podia controlar seus movimentos e que, pouco a pouco, seu corpo deixava de lhe pertencer.

O que mais o Bom Menino - assim o chamavam agora – possuía, senão seu próprio corpo? Por acaso era o dono do pasto, da chuva ou da pradaria? de seus filhos, seus irmãos ou companheiros? Seu corpo, sua força, suas habilidades, tudo lhe restava inútil, restrito, limitado... e o seu espírito?

O belo homem de olhos bondosos deixou o chapéu apoiado em um pilar e se aproximou de forma gentil e segura do potro abatido, que agora estava com o pescoço na horizontal, as orelhas levemente caídas, a corda pendurada, caída na arena. O homem se aproximou tão perto, sem tocá-lo, com um movimento tão seguro e cheio de confiança e satisfação que poderia até parecer arrogante, mais do que contido e compreensivo. E foi então que, com as mãos atrás das costas, aproximou sutilmente os lábios até quase tocar os pelos da orelha do potro. Era uma cena tão íntima quanto a de dois amantes que se permitem e consentem compartilhar o mesmo espaço, o mesmo fôlego. Mas homem e cavalo não eram amantes, nem sequer amigos. Uma brisa fresca começou a soprar e mexer os cabelos do "homem que falava o idioma dos cavalos", como se aquele momento estivesse coberto por um halo quase mágico. Os lábios do homem mal se moveram, mas a brisa conseguiu trazer o sussurro de suas palavras. Seu gesto paternal se suavizou ainda mais ao ver os olhos dos expectadores e curiosos. E à medida que o homem se aproximava de sua "plateia", os olhos de Bom Menino, como que abandonando seu fogo, observavam submissos a areia, já sem brilho.

As últimas duas palavras.

O homem deixou a arena sob o olhar de admiração dos presentes. O cavalo tinha aprendido.

Alguns dizem que as duas últimas palavras sussurradas pelo "homem que ouve aos cavalos" foram suas "palavras mágicas"; outros, que são duas simples palavras, habituais, aleatórias, como "bom menino" ou quito pingo.

No entanto, sei que não é assim. Não neste caso, porque o domador dominava o que dizia com cada uma de suas ações e gestos.

Suas palavras foram "és meu".

Assim, Shadow aprendeu que até mesmo o espírito pode ser

aprisionado. Esse é o truque de toda doma racional e não violenta, do sussurro, da comunicação com cavalos, da etologia aplicada ou de outros métodos similares de coerção.

Agora que vocês sabem, que vocês entendem, esclareço a vocês que essa prática também pode ser definida de outra forma que, coincidentemente, consiste em duas palavras já não tão mágicas, mas sim científicas: **desamparo aprendido.** [5]

[5] Há um vídeo na bibliografia para mais informações sobre o desamparo aprendido.
Nem tudo tem que ser violento como na "doma tradicional" ou nos campos de concentração. Você também pode ser gentil e amável para ensinar o desamparo. Você apenas tem que saber como fazê-lo. Para uma pesquisa mais aprofundada, há outro vídeo TED na bibliografia.

E sussurrei ao cavalo: não confie no homem em cujos olhos
você não possa se ver refletido como um igual.

Don Viccenzo de Giobile, Circa 1600

Os artigos apresentados no livro tratam, em geral, de nossa atitude em relação aos cavalos, seu manejo e as atividades que realizamos através deles, entre outros temas. São o resultado de anos de estudo e trabalho, de observação dos cavalos e da forma como nos relacionamos com eles, bem como da minha passagem pelas diferentes fases de compreensão, decisão e mudança. Nem todos os leitores estarão no mesmo processo de busca ou mudança, e nem todos terão o entendimento ou a experiência.

Cada um de nós tem sua própria jornada e história única, então é provável que cada pessoa interprete minhas palavras de maneira diferente, mas mesmo assim, muito do que descrevo não é uma opinião ou ponto de vista. É verdade que no que escrevo expresso a minha avaliação e percepção, mas não confundam os fatos com as minhas percepções. Um fato é uma parte da realidade que, por mais que o neguemos e independente da nossa avaliação ou opinião sobre ele, continuará sendo o que é. O dano e a dor que produzimos em um cavalo com o uso de um pedaço de metal em sua boca é um fato; o grau de intensidade da dor ou do sofrimento pode se tornar uma questão de opinião, valoração ou desvalorização. Eles podem ser considerados por alguns como relevantes ou não, mas independentemente de querermos negá-los ou tomar conhecimento deles, a dor e os danos estarão lá, presentes. Então, cada um fará o que puder ou quiser com essa informação. Como eu mencionei no livro *El Silencio de los Caballos: Pode levar algum tempo para "digerir" as informações que forneci. Em geral, esse tipo de descoberta, de informações, nos causa algum efeito. Devemos contextualizar tudo, porque aqui não se trata de rasgar as vestes ou de acusar e encontrar os culpados, mas sim de nos conscientizarmos e nos responsabilizarmos por nossos atos com os cavalos..*

O "mundo dos cavalos" e sua situação geral tornaram-se uma grande mentira, agora idealizada por algum tipo de encantamento mágico sussurrado aos ouvidos dos cavalos.

Não tenho nenhuma dúvida de que a ignorância é o principal impedimento para quem quer se relacionar com os cavalos, respeitando-os. Para essas pessoas, escrevi estes artigos.

*Chegará o dia, espero, em que as pessoas comecem
a compreender e a ver os cavalos
não como animais para usar, domar, controlar, liderar,
mas como seres que podemos entender e respeitar.
Seres que demonstram respeito e amor a quem os
ama e respeita.
Claro que, como todos os seres,
eles também podem
mostrar submissão e obediência àqueles que os
submetem e lhes dão ordens.*

Mudar a história
do cavalo

Mudar a história
do cavalo

Nestes primeiros artigos do livro busco tratar de algumas atitudes e posturas generalizadas no mundo equestre. Eles tentam questionar ou refletir sobre a chamada arte equestre ou arte da equitação, por exemplo. Temas ou situações que, em geral, as "pessoas dos cavalos" não costumamos pensar a respeito, mas que, de qualquer forma, estão dentro da visão popular sobre os cavalos, pois são uma espécie de bagagem cultural ou histórica do mundo equino.

Mensagem

Em relação à equitação, há, neste momento histórico, muita informação que questiona seu significado como esporte, ou até mesmo como arte. Mas isso não é irreparável, significa apenas que alguma evolução é necessária.

Não é que a equitação não tenha evoluído no tempo. Falo de uma evolução que se aproxime das concepções do nosso tempo, no qual os animais não são meras máquinas ou escravos.

Muitas vezes encontro pessoas que defendem o uso de embocaduras, rédeas e outras formas de contenção. Diferentes graus de imposição ou violência durante o adestramento dos cavalos são considerados, por eles, necessários ou inevitáveis.

A partir dessa perspectiva histórica, digo que eles têm razão: a eficácia do ferro, na ausência de outras ferramentas, conhecimentos, habilidades ou virtudes, nos permitiu montar os cavalos, desde que o freio foi aperfeiçoado pela última vez, há alguns milênios.

Essa é a base de toda a equitação.

Claro que não estou questionando as conquistas alcançadas pelos renomados "mestres equestres" de todos os tempos, mas pode-se decidir ser fiel ao seu tempo, ou não.

Os interessados na "moderna arte da equitação" devem entender que a equitação não nasceu como arte. Nasceu da necessidade, do utilitarismo, do desejo de controlar o poder do Cavalo. Esses foram seus "axiomas". É na sua evolução histórica que se foi adquirindo outros elementos da

cultura humana por vezes relacionados com o artístico: a procura do belo
e da "perfeição", por exemplo, embora sempre mantendo alguns destes
elementos iniciais, ou a sua combinação, em diferentes graus e formas. O
cavalo, não como objeto, mas como protagonista, focando na sua vontade,
seu desejo, sua anatomia, sua biodinâmica, recebeu uma certa atenção
durante épocas distintas, mas sempre sujeito aos "axiomas primários" que
fundamentam todas as práticas equestres.

Assim, enquanto pudermos observar e analisar as coisas a partir desta
perspectiva e a partir da experiência pessoal de quem estudou este tema
durante muitos anos, não vejo sentido em explicar a minha posição às
pessoas que amam o uso da embocadura e a equitação, pois ela está muito
longe de qualquer tentativa de controlar ou infligir dor ao cavalo. No que se
refere a mim, discutir certas questões no contexto atual seria como discutir
se um estuprador e assassino foi respeitoso com a vida de suas vítimas, ou
não, durante as ocasiões em que as estuprou e espancou sem matá-las.

Quando retiramos estes "axiomas" de que falamos como principal
motivação e no seu lugar colocamos o cavalo como verdadeiro protagonista,
dotado de inteligência, desejo e vontade própria, com um corpo único,
extraordinário e sensível, tudo adquire outra relevância.

A minha mensagem é para aqueles que se mostram interessados em
explorar outros caminhos que talvez incluam questionar a máxima de que o
cavalo deve ser controlado, e deseje assim, dirigir seu intento em direção a
"outros horizontes".

Como em "Quatro Quartetos" de TS Eliot:
E o que há por conquistar
Por força e por submissão, já foi descoberto
Uma, duas vezes, muitas vezes, por homens que não temos esperança
De emular – mas não há competição –
Somente existe a luta por recuperar o que se perdeu
E se encontrou e se perdeu vezes sem fim: e agora, em condições

Que não parecem propícias. Mas talvez nem perda nem ganho.
Para nós, existe apenas tentativa. O resto não nos cabe.

Tradução do livro Poemas, de T.S. Eliot (Autor), Caetano W. Galindo (Editor, Tradutor).
E-book kindle página 242, Quatro Quartetos, East Coker.

Mudar a história do Cavalo

Curiosamente, apesar do fato de viver há milênios junto ao homem e ao contrário do que se imaginaria, a natureza dos nossos animais domésticos tem sido relativamente desconhecida para nós (...) A natureza do cavalo tem sido bastante misteriosa para a maioria dos humanos, que inclusive conviveram com eles por muitos anos.

El Silencio de los Caballos, David Castro

Mesmo sendo um animal doméstico muito popular, são poucos os exemplos de cavalos bem cuidados e manejados que podemos ver hoje em dia. Devido ao seu tamanho, necessidade de espaço e saúde delicada, cuidar de um cavalo exige muito mais de seu dono do que um cachorro ou um gato. No entanto, devido à histórica abundância de cavalos nestas latitudes, possuir um cavalo não tem sido tão inacessível ou tão caro como nos países da Europa, por exemplo.

Mesmo assim, a abundância de cavalos na Argentina não significa um alto grau de conhecimento no manejo dos mesmos, muito pelo contrário. Entre as centenas de milhares de cavalos criados extensivamente, a abundância histórica de animais contribuiu para sua negligência.

No entanto, as coisas estão mudando, de forma lenta, mas segura. Cada vez mais, impulsionados pelas crises econômicas, os donos de grandes manadas ou de indivíduos de significativo valor de mercado dedicam maiores cuidados aos seus cavalos. Os avanços na indústria farmacêutica e na medicina veterinária, a maior conscientização das pessoas, tudo isso levou a determinadas mudanças que começaram a ser notadas.

Há mais de quinze anos, se nota um grande aumento na quantidade de informações sobre cavalos que alcança o público em geral e o dono em particular. Os cursos sobre cavalos — sobre seu comportamento, cuidados, cria, etc. — aumentaram cem por cento em menos de uma década. Programas de televisão, filmes e informações sobre cavalos na internet foram, inclusive, aumentando o interesse e a vontade das pessoas de conhecer mais sobre eles, de estudá-los e compreendê-los.

Amor pelos cavalos, estudo e posse responsável

O estudo do cavalo é uma tarefa que requer tempo. Imaginem apenas quanto esforço é necessário para estudar um instrumento como o piano ou o violino, por exemplo. Cinco ou seis anos de estudo são necessários, no mínimo, para alcançar alguma proficiência em sua interpretação. O cavalo é um ser vivo e, por isso, a complexidade quanto ao seu manejo adequado é maior e exige mais responsabilidade, pois seu bem-estar dependerá de nosso conhecimento e de nossas decisões.

Hoje em dia o estudo do cavalo e seu treinamento não é uma questão simples. A grande diversidade de informação errada, a quantidade de cursos de fim de semana de amanse, etologia e outras atividades similares apenas agregam confusão e incerteza.

Por um lado, tudo é muito simples; por outro, extremamente complexo.

Por um lado, trata-se de desaprender; por outro, de estudo e compreensão.

Uma grande quantidade de pessoas que desejam entender-se com os cavalos, que querem cuidar deles, amá-los e respeitá-los, recorrem a distintos tipos de cursos de doma, amanse e comunicação e, definitivamente, são enganadas. Em princípio, porque é quase impossível aprender esse tipo de coisas em um final de semana. Em sua maioria, esses tipos de atividades são mais demonstrativos ou informativos, mas mesmo considerando que é possível aprender esses métodos em um par de dias, aqueles que buscam conhecimentos mais profundos sobre cavalos ficarão decepcionados. Entender o cavalo não é o mesmo que aprender duas ou três coisas sobre a natureza desse animal para poder domá-lo ou controlá-lo sem riscos. Tudo aqui é fortemente distorcido pela relação histórica de uso. Aprender um método de controle e manipulação de cavalos não é aprender a se comunicar ou entender sua natureza, não é mesmo?

Então, para ter uma visão mais clara, em princípio deveríamos nos perguntar: Me interessa conhecer e entender os cavalos ou simplesmente quero conhecer uma forma aparentemente pacífica de controlá-los e subjugá-los? Amo os cavalos ou amo o que posso fazer com eles? Quero bem aos cavalos ou quero dominá-los? Desejo me comunicar com meu cavalo ou desejo que ele me obedeça?

Se sua resposta estiver mais próxima da última parte de cada uma dessas perguntas, então a história é sempre a mesma.

Mudar a história

Quando eu fazia doma índia, costumávamos dizer que queríamos mudar a história do cavalo.

Como já assinalei, ocorreram certas "mudanças" na história do cavalo nos últimos tempos. Ao ser sua história ligada à relação com os humanos e com o tratamento que lhes dispensamos, as mudanças no que sabemos sobre os cavalos, e a maior conscientização em nível geral a respeito dos animais domésticos e suas necessidades, estão afetando bastante a relação homem-cavalo.

Sem desmerecer o esforço bem-intencionado de muitos domadores, cavaleiros, veterinários, tratadores e protetores, quero insistir na necessidade de seguir aprofundando esta tarefa. O ideal seria que a mudança na história do cavalo não seja superficial, mas sim real e profunda.

A história do cavalo é a história da sujeição e submissão à vontade humana. Mudar a história do cavalo seria então... submetê-lo sem o uso da violência? Creio que não.

Decididamente, se querem ter uma relação sã com seus cavalos, não se trata de bater sem machucar, nem de encerrar em uma baia, ou dar puxões numa rédea, nem mesmo de pressionar ou ameaçar. O que é a ameaça senão a promessa de um golpe pela desobediência? Não se trata de subjugar com menos violência, nem de escravizar com mais carícias, mais propagandas e belas palavras. Se usamos palavras como amor, amizade ou respeito, ficam excluídas a doma, dominação, hierarquia, controle ... e as ferramentas como cabrestos, cordas, redondeis, cocheiras, ou qualquer outro instrumento de manipulação.

É verdade que os índios foram historicamente menos violentos do que os brancos. Podem consultar uma extensa bibliografia, inclusive literária, sobre esse assunto. Mas a verdadeira educação do cavalo deve basear-se no respeito, na liberdade e no conhecimento dele, e não no domínio de um par de métodos de doma não violenta, sejam eles de origem indígena, branca, americana ou europeia.

Já faz tempo que abandonei a doma índia e qualquer outro tipo de método coercitivo, e optei por uma relação baseada na educação, confiança e respeito. Além disso, ainda tenho a ambição de ajudar a mudar a história do cavalo. A principal arma nesta cruzada[6] é o conhecimento, e o estudo. Por esta razão decidimos criar uma Escola de Hipologia para pessoas interessadas no estudo, compreensão, educação e cuidado dos cavalos. Mas não se trata apenas de conhecimentos, confio plenamente na sensibilidade das pessoas que amam cavalos e na sua capacidade de discernimento.

---

[6] Coincidentemente, acredita-se que foi um movimento originário desses cavaleiros cruzados, mais precisamente os da Ordem dos Guardiões do Templo, chamados Templários, que deu origem à antiga alta Escola Francesa (Haute Ecole) e, seguramente, à Nevzorov Haute Ecole, à qual pertenço.

Mudar a história do cavalo talvez seja um sonho ambicioso demais para manter vivo a estas alturas da minha vida. Claro que não conseguiria fazer isso sozinho, nem nunca imaginei assim, pois sei que conto com o apoio de cada um de vocês.

Maus-tratos aos cavalos socialmente aceitos

Nós que amamos cavalos temos uma grande responsabilidade, não é mesmo? E quanto mais experiência temos como criadores, domadores ou cavaleiros, maior é essa responsabilidade.

Pensemos naqueles que nunca tiveram cavalos e se encontram, devido a situações fortuitas, numa relação com eles. Há também quem não escolheu tê-los, mas para quem o animal é uma ferramenta de subsistência. Não estou falando de algum descendente de quem tinha um belo Mateo ou do leiteiro, mas de quem teve a sorte de conseguir alguém para puxar a carroça para ele todos os dias para poder conseguir alguma coisa para comer. Muitos se revoltam com essas pessoas quando veem situações de maus-tratos por negligência ou por violência, mesmo pessoas que nunca tiveram cavalos, e desconhecem suas necessidades e seu comportamento. Mas nós, cavaleiros, domadores, tratadores com conhecimento e experiência no trato com cavalos, quanto mais vamos esperar para reconhecer que fazemos muitas coisas erradas em relação aos seus cuidados e manejo?

Há mais de dez anos, em algum artigo escrito, me perguntava: o que mais nos fascina nos cavalos? Sua capacidade de expressar o espírito de liberdade, sua elegância, realeza e equilíbrio? Mas, o que há de liberdade quando eles têm de viver confinados numa baia? O que há de elegância e o equilíbrio quando nossa única possibilidade de os conduzir é pela força das rédeas e com embocaduras cada vez mais agressivas? O que acontece com este ser que é objeto de nosso afeto e admiração quando chega até nós física ou psicologicamente quebrado pela doma ou adestramento a que foi submetido? E "submetido" é uma palavra que reflete claramente sua história.

Era isso que buscávamos ou é o que conhecemos e nos fizeram acreditar como sendo a única forma possível de tratá-lo?

Com isso, não quero dizer que os cavalos devam apenas correr soltos pelos campos, mas sim que cada um deve se perguntar até que ponto um determinado tipo de tratamento não tira desses animais muito daquilo que admiramos neles.

De qualquer maneira, muitos deles conseguem sobrepor-se a este tipo de "educação" e encantar-nos com seu porte, sua nobreza e dedicação, porém muitos outros continuam a resistir e são descartados como problemáticos ou são punidos e humilhados, de tal forma que perdem seu brilho para sempre e se tornam-se autômatos, despidos de toda a sua expressão e sua personalidade. Por falta de conhecimento, arruinamos o que nos interessava e, com as melhores intenções de nos relacionarmos com eles, os privamos de tudo aquilo que os torna objeto de nosso afeto ou admiração.

Os cavalos são indivíduos inteligentes, sensíveis e extremamente sociáveis que merecem ser tratados como tal. Sei que é mais fácil discordar e continuar fazendo uso (ou abuso) indiscriminado deles, mas com um pouco de empatia e reflexão, muitas coisas podem ser feitas.

Having no reason to belive something is not the same thing as have reason to doubt it, V. Herne. [7]

Por isso, quero aproveitar esta oportunidade para mais uma vez convidá-los a refletir.

Se pretendemos pedir a um menino em uma carroça cheia de papelões que não agrida seu cavalo cansado sem pensar em sua história pessoal, certamente de violência e marginalidade, o que devemos pedir a um cavaleiro esportivo que bate em seu cavalo cansado ou assustado enquanto pratica seu hobby? Com isso quero enfatizar que existe um tipo de maus tratos aos cavalos socialmente aceito: de alguma forma condenamos os

---

[7] Não ter motivos para acreditar em algo não é o mesmo que ter motivos para duvidar deste algo.

pobres e marginalizados por não terem opções, e não agirem de acordo
com o que nos parece certo para o cavalo, e aplaudimos aqueles que têm
milhares de opções e recursos para ver o que estão fazendo, mas que
ainda assim optam por continuar com essa conduta por esporte, tradição ou
entretenimento..

Tomar consciência

Como sempre digo - o que proponho tem a ver com a forma como
nos relacionamos. Por isso quis fazer algumas observações que ao mesmo
tempo ajudam a enriquecer a vida dos nossos cavalos.

Começo insistindo, novamente, na qualidade do vínculo, no tratamento
e na aproximação respeitosos. Para que isso aconteça podemos e
devemos prescindir de algumas coisas: a violência, a ignorância e a falta de
consideração, as mais óbvias.

Sou contra a violência desnecessária, mas isso não significa que eu seja
a favor da violência necessária. Isso, para muitos parecerá lógico quando
pensam em uma gineteada ou em montar cavalos chucros, porém às vezes
são os mesmos que se deixam seduzir quando algum domador, que diz
trabalhar sem violência, põe um cavalo bravo em um redondel, o colocando
em uma situação de estresse e medo, e então o retira, "manso" como uma
ovelha.

Há algum tempo li uma matéria que relatava como um Sussurador,
Fernando Noailles, na Espanha, maneava um cavalo, o derrubava e se
jogava em cima dele. Para o jornalista, tudo isso parecia "doce", não violento.
Damesma forma, muitos outros não veem os cavalos nas pistas abrindo as
bocas de dor ou babando, com as línguas penduradas ou para fora apesar
do fechador de boca, e chamam isso de "diversão e distração saudáveis".

Por violência me refiro ao abuso físico — desde a vara, o rebenque ou
chicote, a puxada de boca, o freio, as tiradas de cócegas, as técnicas de

imprinting e todo tipo de maus tratos que fazemos com eles - e ao abuso psicológico — desde o Join Up, o confinamento nas baias das hípicas e dos hipódromos, a falta de companhia, a impossibilidade de muitos cavalos criarem laços afetivos, a contínua submissão —.

Em relação à ignorância e à falta de consideração, creio que se deve buscar formas de tratamento e de treinamento que não incluam castigos, métodos de pressão-liberação ou de manipulação forçada e coação. Muitos irão alegar que "se não for assim, o cavalo não te respeita". Em princípio, se o cavalo não me respeita, a responsabilidade é minha porque estou fazendo algo "errado". Consigo consertar isso com golpes?

Não estou pedindo a um veterinário que não use uma mordaça, laço ou uma maneia no meio do campo. Mas, a um domador para domar? A um cavaleiro profissional para treinar? A quem tem seu cavalo para desfrute e companhia?

Por fim, quem diz amar o seu cavalo e o monta não deveria deixar de considerar que um cavalo mal treinado ou mal reunido, com certeza, sofre muito mais danos do que aquele que foi treinado com consciência, conhecimento e esmero. Mas há sérios indícios de que em ambos os casos eles sofrem danos, só que em graus distintos, pois os músculos *Longissimus dorsi* e trapézio, onde o cavaleiro se senta, se desenvolveram nos albores do cavalo, para facilitar seu movimento. A estrutura do cavalo não foi criada para suportar peso na forma de pressão vertical de cima, e isto segue sendo verdade mesmo após séculos de criação seletiva de cavalos para "montaria".

Vocês irão se perguntar o que faremos com os cavalos se não os montamos. Não proponho chegar tão longe por enquanto — apenas proponho que vocês estudem o assunto e compreendam com clareza o que fazemos com os cavalos quando os montamos. Quanto maior nosso conhecimento e compreensão, menor será o dano que provocaremos.

Volto ao pensamento inicial: nós, que amamos cavalos, temos uma grande responsabilidade, certo? E quanto mais experiência temos como domadores ou cavaleiros, maior é essa responsabilidade.

Nos artigos anteriores onde mencionei o conceito de "maus-tratos
socialmente aceitos" tentei apresentar o assunto de forma objetiva. Os
artigos que se seguem irão tratar do mesmo com um pouco mais de detalhe mas,
por sua vez, refletem a contradição do público em geral, que se expressa entre a
rejeição das domas, gineteadas ou rodeios, e a aceitação de outros tipos de abusos
ocultos, que poderiam ser agrupados sob a acepção das chamadas "atividades
esportivas, recreativas ou terapêuticas".

Nos artigos denominados "Gineteadas I e II", procurei descrever a brutal
situação de violência sem sentido que tenta revestir-se de honra, coragem e
habilidade crioula no domínio das habilidades cruéis que sempre as caracterizaram.
Porém, com a tradicional luta entre civilização e barbárie, ou entre o homem e a fera
"selvagem", exibe-se de maneira grotesca a contradição na denúncia escandalizada
e na crítica ignorante ou hipócrita daqueles que promovem outro tipo de abusos
velados com os cavalos.

Gineteadas I: Em honra de nossas tradições

Faz-se referência à doma ou à gineteada de várias maneiras. As características dessa atividade ou evento o aproximam de várias definições: são classificadas como destreza crioula, festa, show, espetáculo, prova, competição e até, quase que provocativamente, "esporte" [8]. Na verdade, é uma atividade pautada e regulamentada em certos aspectos, mas apenas no que tange aos humanos. Embora o cavalo participe, e até seja a peça-chave da atividade, do show ou do espetáculo, ele não faz parte da competição, da prova, da festa em si. É por isso que não há regras nem pautas para ele. A única pauta que o cavalo está obrigado a cumprir é não permanecer parado.

É fato que raramente os cavalos são machucados, ou seja, sofrem lesões físicas visíveis a olho nu, mas isso não retira a violência e os golpes a que são submetidos.

Também é verdade que o evento em si dura apenas alguns segundos, comparáveis ao êxtase de um estuprador impotente e apressado, mas não são segundos de diversão para o cavalo, nem para a pessoa comum que não entende essa festa de violência. São apenas oito segundos, e os riscos são altos para o homem e para o cavalo. O divertimento e o bem-estar do cavalo antes, durante e depois desse curto e crítico período são mais do

---

[8] Nos artigos denominados "Gineteadas I e II", procurei descrever a brutal situação de violência sem sentido que tenta revestir-se de honra, coragem e habilidade crioula no domínio das habilidades cruéis que sempre as caracterizaram. Porém, com a tradicional luta entre civilização e barbárie, ou entre o homem e a fera "selvagem", exibe-se de maneira grotesca a contradição na denúncia escandalizada e na crítica ignorante ou hipócrita daqueles que promovem outro tipo de abusos velados com os cavalos.

que questionáveis. epois desse terrível e longo dia de estresse, golpes e humilhações, maus-tratos, lesões e risco de morte durante a preparação, manejo e transporte para os eventos - o pobre cavalo retornará, se tiver sorte, a um campo por alguns dias. Quanto mais famoso ou requisitado o animal, quanto mais festejos e festas da argentinidade, menor será o seu descanso — para chamar de alguma forma suas possibilidades de seguir sua vida de incompreensão humana e laminitis — [9] e sua possibilidade de ficar solto em algum campo, sozinho, ou talvez com alguns outros cavalos.

A doma, como chamam a gineteada, a "festa da destreza crioula", é um jogo sem honra, pois divertir-se batendo em um ser indefeso, atado pela boca e língua não é uma honra para homens, nem para mulheres, nem para crianças.

Seguindo sobre a brevidade do tempo, estes oito segundos antes mencionados são, para um cavalo que foi forçado e levado de arrasto, com empurrões e ameaças, o mesmo que para um escravo é o castigo e o chicote para o gozo dos seus senhores, a coroação de um sem sentido.

É muito comum ver pessoas que se "assombram" quando veem crianças que pisoteiam um sapo, ou se divertem por alguns segundos torturando um animal indefeso. Então, o que dizer às crianças que assistem ao espetáculo da gineteada?

Como justificaremos que se divertir assustando ou empurrando um ser inocente, arrastando-o e amarrando-o a um poste, para logo bater nele repetidamente é um "divertimento popular" ou "um esporte", e não um mau trato abusivo para com um animal que não pode, em nenhuma circunstância, se defender? A gineteada é uma atividade que exibe o sofrimento do cavalo e também põe em risco o seu bem-estar.

Por essa razão, não importa quantos segundos. Se fosse um amigo, uma esposa, uma vizinha, o que diríamos ao juiz? Que não lhe faz nada, e que só bate nela por oito segundos por que no resto do tempo a trata como uma

[9] Doença produzida, geralmente, pela alimentação dos cavalos com pastos verdes muito ricos em "açúcares".

rainha? A violência é VIOLÊNCIA, mesmo que sejam dois segundos ou toda uma vida. Por isso, se pode afirmar que a gineteada é uma "brincadeira" violenta que submete um animal indefeso e amarrado, literalmente de pés e mãos, a humilhações, maus-tratos e abusos indiscriminadas, e sem nenhum tipo de impedimentos ou controles.

Pode-se argumentar com certa inconsistência que quem gineteia corre riscos. Agora, quem os obriga a assumi-los? E que culpa tem o animal sobre os riscos que corre seu algoz para que este o obrigue a se machucar com ele e, para finalizar, o humilhe, o oprima e o atormente?

Este é um bom espetáculo ou algo que valha a pena assistir? Porque, na realidade, é nisso que consiste essa chamada "destreza". Trata-se basicamente de bater e esporear o pobre cavalo para que ele tente se defender. Esta é toda a diversão e o talento.

O período deve ser curto para que o cavalo tenha pouco tempo para se defender (se é que poderia revidar algum golpe nas condições em que se encontra), com o ginete montado e com a boca amarrada. Hipoteticamente, um confronto em que houve uma luta equivalente entre homem e cavalo. Não é nada difícil entender que as coisas e as condições para ambos seriam completamente diferentes. No entanto, isso é apenas uma conjectura, pois previamente o cavalo já foi empurrado ou arrastado até ser imobilizado em um poste. A seguir é atado, tem os olhos vendados, tem seu corpo empurrado por outro cavalo e puxado, e às vezes é maneado e golpeado. Então vem o ginete corajoso que, seguro de que o cavalo não pode mais se mover, monta — às vezes com a ajuda de outros — e, quando está pronto para bater no cavalo, dá a ordem de soltá-lo. São três segundos, período em que o cavalo percebe que está "livre" para agir, com o ginete já montado no seu lombo. Na verdade, a destreza é como a de um covarde que pede para segurar o adversário para poder golpeá-lo.

O que é a gineteada então? A gineteada é apenas um divertimento, um divertimento ultrajante, violento, perverso, mas é isso: um jogo entre homens, uma competição para ver quem é o mais hábil do que o outro.

Não é nem para mostrar que se é mais hábil do que o cavalo. O cavalo não joga, não compete. Geralmente, uma vez que eles entendem, os cavalos mais habilidosos são aqueles que pouco a pouco vão deixando de corcovear, de resistir e, então acabam sendo excluídos do evento.

Na antiguidade, talvez tivesse algum sentido nas façanhas de uma "argentinidade a cavalo". Hoje só nos deixaram esta simulação de bravura, onde o homem do campo se diverte molestando um pobre animal amarrado. A proeza repleta de patrocinadores e prêmios para o melhor ginete desta façanha rápida é, aparentemente, uma fugaz substituição de antigos valores, pois oito segundos depois, a coragem do homem foi demonstrada e a argentinidade do homem do campo [10] e seu público se sente satisfeito.

[10] Ressalte-se que o que aqui se discute do ponto de vista do resgate dessa tradição não é o gosto pessoal de maltratar os cavalos em si, mas sim um elemento chave que identifica o homem do campo argentino que se sente Gaúcho. A gineteada é um símbolo de identidade do povo do campo, e por isso vai gerar uma defesa apaixonada em seus cultuadores e não tanto no cidadão urbano.

Gineteadas II: O debate

Hoje em dia se levantam, claras e elevadas, as vozes contra as gineteadas, nossa vergonha nacional. Eu as ouço a partir de representantes dos mais diversos âmbitos e interesses.

Lembro ter lido no ano passado comentários de veterinários e domadores. Reescrevo aqui algumas reflexões escritas naquela ocasião, dirigidas às pessoas que não pertencem ao meio equestre:

Primeiros esclarecimentos

Todas as diversões e usos mais comuns do cavalo são prejudiciais ao seu corpo e à sua psique, mas há uma tendência a fazer vista grossa. Inclusive se usam palavras como "educação", "treinamento" ou "esporte".

Sabe-se do dano causados pelos freios, pela má preparação dos cavalos, pelos golpes e pelo submetimento contínuo que implicam a falta de liberdade e o alto grau de condicionamento dos métodos de doma ou amanse, ou seja, durante 15 segundos, uma vez por mês, ou todos os dias por uma hora e meia, seja para a gineteada ou para os jogos olímpicos, respectivamente. Para montar a cavalo, devo impor minha vontade sobre a dele, meu corpo sobre o dele e minha mente sobre a mente dele. Como acham que tal imposição é alcançada? Alguém realmente pensa que isso é agradável para o cavalo? [11]

---

[11] Desenvolvo este tema nos capítulos "Sobre hipismo e equitação" e "A saúde psicofísica do cavalo" no livro *"El Silencio de los Caballos."*

Os defensores das gineteadas costumam argumentar que a prática dura pouco tempo e que são uma atividade tradicional.

Uma pessoa, aparentemente um especialista no assunto com o sobrenome Godoy, em defesa das gineteadas criticadas por alguns ativistas em favor dos animais escreveu: *"...para quem não sabe, um "reservado"[12] é usado quatro vezes por mês, e é montado 14 segundos por domingo: são 56 segundos por mês, não alcança nem um minuto..."*

Já falei sobre a duração da gineteada no artigo anterior. Sobre a tradição não vou falar, basta dizer que tradicional também ainda é a ablação [13] em alguns países.

Mas vamos olhar um pouco mais de perto. Observem estas fotos de cavalos "usados" para distintos fins, "esportivos".

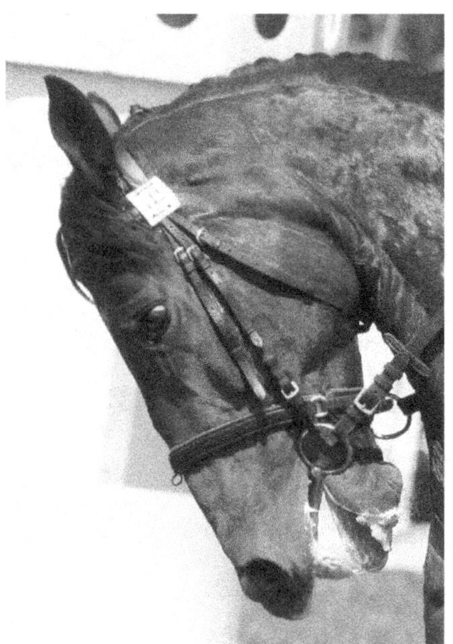

---

[12] É assim que costuma ser chamado o cavalo que participa desses eventos
[13] Remover o clitóris das mulheres é uma prática tradicional em algumas sociedades.

"O rico diz ao pobre: "caveira", "ladrão"! E o rico rouba na sua mesa e o pobre no balcão" — ditado popular.

Por acaso a escravidão é menos terrível do que a tortura? O circo do que o zoológico? O abuso do que o estupro?

É menos ou mais prejudicial um minuto de agressões e uma surra do que ser espancado, subjugado e forçado a esforços extenuantes durante um par de chukkers (14 minutos)? Vamos reconhecer o abuso apenas na gineteada e no carrinho do catador?

Obviamente que aqui o abuso é evidente e grotesco, mas o que nos impede de ver todo o panorama que os cavalos vivenciam?

Essa imagem nos causa desconforto porque através do grotesco torna visível o que não tão óbvio e claro para alguns: a contradição do controle forçado, a violência e o dano (físico ou psicológico) impostos ao nosso amigo, o cavalo. A gineteada dura apenas alguns segundos, é apenas uma síntese, um resumo fidedigno do que é encoberto pelo esplendor e brilho do espetáculo no esporte. É ficar cara a cara com a parte não aceita da realidade de toda a relação homem-cavalo: nossa diversão se dá à custa do sofrimento deles. Um reflexo fugaz desses que, quando há algo tão negado, nos pega desprevenidos e nos aterroriza no espelho.

A seguir trato de um tema mais delicado em relação ao socialmente aceito do maus-tratos dos cavalos e de outros "animais terapêuticos", pois envolvem as necessidades, a vulnerabilidade e a compaixão humana para com outros de nossa própria espécie. De qualquer maneira, isso não deveria justificar nenhum tipo de abuso ou diletantismo em relação aos cavalos, seus cuidados e suas necessidades. É um fato que as chamadas "equoterapias" não escapam, na sua concepção e consideração para com os cavalos, da filosofia utilitarista que perpassa toda a atividade equestre passada ou atual.

Escrevi dois artigos a respeito: o primeiro será apresentado a seguir, e o outro decidimos colocar ao final do livro. Dito isso, vamos começar explicando o mais evidente.

Equoterapias. Eu estou bem. Você, está bem?

Já faz um tempo que vejo crescer um fenômeno na Argentina e no mundo: as terapias assistidas por cavalos. Inicialmente quero partilhar algumas ideias e dúvidas sobre o assunto com o intuito de completar o panorama do que a prática deste tipo de atividade implica, sobretudo do ponto de vista do cavalo.

É um tema muito interessante e delicado. Prefiro abordá-lo com um olhar aberto e compassivo, mas ao mesmo tempo sob o *ômnibus dubitandum*, como diria E. Fromm, referindo-se a uma forma de ver: "Duvidar radicalmente é um ato de pesquisa e descoberta; é como nos darmos conta que o Imperador está nu e seu esplêndido traje nada mais é do que o produto de nossa fantasia".

Fantasia e realidade. A terapia equestre é realmente boa? Por quê? E para quem?

Diz-se que a terapia equestre e, em geral, as terapias com animais são benéficas para as pessoas, especialmente para as crianças. Sobre o assunto há duas correntes: os que são a favor, e alegam o quanto é benéfico o movimento do cavalo transmitido ao corpo de crianças com deficiências motoras, por exemplo. E os que não são a favor, mas também não são contra, alegando que isso não é certo ou não está comprovado, nem é o mais importante e benéfico. Sobre essa ginástica "tridimensional" no corpo das crianças e seus possíveis benefícios, não tenho muito a acrescentar, já que isso fazem os especialistas [14], porém cabe esta reflexão:

[14] Há quem diga que o movimento do cavalo transmitido ao corpo do cavaleiro é uma ginástica positiva, mas há quem questione se isso é verdade, como provariam muitos problemas dos cavaleiros profissionais produzidos por sua atividade.

Até hoje percebo que trabalhar com pessoas com problemas motores causados por deficiências congênitas, acidentes ou velhice é uma tarefa nobre e árdua. As pessoas verdadeiramente qualificadas para essas tarefas são, em sua maioria, seres muito singulares cheios de energia, alegria, compreensão, paciência e uma série de outras virtudes que não só as marcam como "especiais", como as levam a escolher essa vocação ou trabalho.

Quase todos nós já passamos pela experiência de estar tristes ou desanimados devido a situações que envolvem doenças, acidentes ou morte iminente, seja a nós mesmos ou com um ente querido. Muitos de nós já estivemos sentados ao lado de uma cama de hospital (ou nela) quando de repente uma enfermeira, um fisioterapeuta, um parente etc., entra pela porta com um sorriso largo, uma firmeza espontânea e começamos a sentir que tudo muda. O quarto se ilumina, o sorriso aparece em nossos rostos e no do paciente, as janelas se abrem, uma lufada de ar fresco entra... São pessoas muito especiais que escolheram apoiar e enfrentar as circunstâncias de seus semelhantes com otimismo, coragem e compromisso. Uma prática de energia e carisma, vontade e boa fé. Eu não conseguiria. Ou, pelo menos, não poderia fazer isso como tarefa ou trabalho. Fui professor de crianças, mas é muito diferente acompanhar, por exemplo, um paciente ou um deficiente, por vocação. É preciso tudo isso que mencionei, além do conhecimento profissional, para fazer bem-feito.

Nem todos poderíamos fazê-lo, ou quereríamos, a menos que a vida nos colocasse frente a essa situação. Nem todos a nós superaríamos sem um alto custo psicoemocional ou mesmo físico. Então, por que achamos que os cavalos (ou outros animais) quereriam?

Se houvesse cavalos desejosos de ajudar pessoas doentes ou inválidas, quais deveriam ser suas habilidades, sua personalidade, sua resistência a esse tipo de situações tão difíceis para nós? Seria egoísmo pensar que basta ao cavalo ter um lombo e calor corporal.

Esta minha ideia não é algo novo, ela me acompanha desde o tempo em que eu ignorava que nenhum cavalo nasceu para ser montado, e que seu lombo não foi projetado para meu traseiro. O tempo em que, mesmo sendo um grande amante da ecologia, da natureza e dos animais, não me perguntava se os cavalos teriam surgido na face da terra para me obedecer e me servir.

Hoje sei que o benefício, o bem-estar e a felicidade que os cavalos obtêm desse tipo de terapias são poucos, quase nulos, ou na maioria das vezes, beira o abuso.

Preocupo-me com as crianças, mas também com os cavalos. [15]

Se é verdade que os cavalos curam, devemos obrigá-los a fazê-lo? Muitos médicos recomendam tomar uma taça de vinho por dia como algo saudável, mas isso não me dá o direito de roubar uma garrafa de vinho para mim. A ginástica sexual ou o sexo tântrico podem ser muito bons para o meu organismo, ou uma saudável complementação para minha terapia, mas isso me daria o direito de praticá-los com alguém que não quer, ou está sendo forçado a fazer essa atividade?

É preciso muito tempo e esforço para conhecer um cavalo e o que ele realmente quer e precisa, especialmente se nunca lhe foi dado escolher. E, da mesma forma que uma pessoa, mesmo que deixemos que ela se expresse de um dia para o outro, pode demorar para ela mesma saber.

Pensa-se que na equoterapia o cavalo "colabora" e fica "feliz". Isso não é bem assim. Há alguns anos uma aluna minha (assim como eu, tempos atrás) foi contratada por um centro de equoterapia para ajudar nos conhecimentos de doma, para "disciplinar" os cavalos "problemáticos" e que não queriam "colaborar". Ela me contou que várias vezes viu o diretor do centro dar joelhadas nas costelas de um cavalo que expressava claramente sua discordância com mordidelas de ameaça. Que escolha este cavalo tem sob esta condução? Deveríamos considerar, no entanto, uma grande

[15] Talvez por uma questão de "lobby" de espécie, se eu tivesse que escolher entre a vaca (ou qualquer outro animal) e uma criança faminta, defendo a sobrevivência da criança.

conquista por parte do cavalo ser capaz de expressar a sua discordância, apesar do contínuo ensinamento de supressão de si mesmos a que esses cavalos vivem diariamente ao serem usados quase que mecanicamente.

A natureza é muito boa para as pessoas, mas somos pessoas igualmente boas para ela?

Claro que o contato com a natureza ou com os animais é benéfico e vantajoso para os seres humanos. Ir para o campo, ver as árvores, as flores, ouvir o vento..., mas se chegamos e enchemos o lugar de lixo e queimarmos árvores em nossas fogueiras, o que estamos priorizando?

Uma criança que se emociona com um filhote é uma imagem bonita. Mas se ela brincar com ele até começar a molestá-lo, e o filhote quiser ir embora, o que diríamos a ela? Se vemos que a criança está torturando o animal, é um indício de que algo não está indo bem, por mais que a criança esteja fazendo isso inocentemente. Diríamos a ela para parar ou priorizaríamos o (suposto) "aprendizado" e a "diversão"? Então, gostaria de fazer a seguinte pergunta: será que não estaremos priorizando a nós mesmos, de forma egoísta e desrespeitosa?

Buscando a resposta a esta pergunta, em princípio, creio vislumbrar também aqui, neste tipo de terapias "mágicas", que como sociedade não temos lugar para nossos idosos, nossos doentes ou pacientes terminais. A velhice, a doença, a degeneração, o isolamento, e até a loucura ou a delinquência, se quisermos, fazem parte do que não gostamos ou temos dificuldade de aceitar. É muito penoso, como sociedade, nos colocarmos nestas situações. Talvez não devêssemos deixar que os animais ocupem esses espaços, que sejam eles que coloquem seus corpos.

Colocar essa responsabilidade nos cavalos é mais fácil e cômodo. mas é porque não confiamos em nós mesmos? Não deveríamos confiar na humanidade e gerar uma sociedade mais madura?

Quantas pessoas recorremos aos animais? Quantos de nós descarregam, substituem, encontram, se aliviam, se refugiam em seus animais de estimação? Isso significa, muitas vezes, pássaros engaiolados, cães em espaços insalubres, mutilações, negligência e abuso. Mas, em todo caso, são exemplos comparáveis às relações entre dois seres humanos que compartilham suas vidas e se acompanham mutuamente. Por outro lado, as equoterapias estariam mais próximas do uso do corpo de outro ser, de seu aluguel.

Não deixemos que as roupas do Imperador nos encantem com sua beleza aparente, ou que o cinema nos diga algo que deveríamos escutar dos cavalos. Se os filmes sobre cavalos fossem escritos pelos cavalos, a história contada seria bem diferente, não acham?

O problema é que poucas pessoas conhecem um cavalo livre de compulsão e do desamparo aprendido. Um verdadeiro treinador de cavalos, um amigo de verdade, não o alimenta pelas grades da cela. Abre a porta para ele e, em qualquer caso, o ajuda a se encontrar com este estado de ser, livre.

A equitação

A equitação

Dentre as atividades equestres, uma das mais comuns é o chamado "esporte equestre". Nestes artigos abordo o tema, mas não frontalmente, porque sinto que por toda a explicação basta dizer que, no que diz respeito ao cavalo, a sua participação é sempre forçada. Essas atividades serão muito desportivas para os humanos, mas o cavalo é um mero instrumento nelas; uma ferramenta, na melhor das hipóteses. Não é exagero dizer que, como outras atividades humanas com animais, esta atividade, por suas características e sua evolução, lhes causa danos, quando não a morte, doenças e sofrimentos, na maioria dos casos. Se não creem em mim, basta consultar os registros anuais de mortes de cavalos em corridas de Turfe ou abrir um livro de patologias desportivas.

O lugar que o cavalo ocupa como objeto de culto, na aparência é um pouco diferente à do touro nas touradas, mas não ao lugar dos galgos, e mesmo que a "arte" das touradas fosse com aguilhões elétricos em vez de lanças e espadas, seria similar. Dizer que o salto de obstáculos, as corridas, o rodeio ou gineteadas, o Polo, o adestramento, a caça às raposas e outras atividades realizadas com o cavalo são esportes praticados por este animal é muito forçado e enganoso quando vemos a realidade. As chamadas atividades esportivas em que os animais participam voluntariamente parecem ser poucas, o restante são eufemismos, como dizer que o veado ou o pombo são atletas que participam da caça esportiva. Quanto à qualidade desportiva da equitação ou das corridas de cavalos, basta esta frase: *"O esporte equestre, por sua natureza, não pode sequer ser definido como um esporte. Qualquer esporte inclui recordes e vitórias, sim, mas esses recordes e vitórias são alcançados por si próprios, com sangue e suor próprios, através do nosso esforço e dor. O Esporte Equestre, se estudarmos o assunto, representa parasitar as capacidades físicas de outro ser vivo que não deseja participar desse esporte senão pela força da dor e de golpes. Então, por que diabos chamamos isso de esporte?*

Entre todos os atletas, não há mais do que 2% de sádicos verdadeiros, e o restante simplesmente não percebe o que está fazendo."

Alexander Nevzorov, em *The Horse Crucified and Risen.*

Sobre a educação dos cavalos e dos (seus) domadores

Estou de acordo com muitas pessoas que é preciso educar. É disso que se trata, e não acho que meus artigos estejam fazendo o oposto ao chamar as pessoas à reflexão.

A educação começa com nos perguntarmos e termos interesse em encontrar respostas para essas perguntas. A curiosidade e o interesse de saber são essenciais. Mas não podemos forçar os outros a se perguntarem, se interessarem ou quererem saber. Senão estaríamos fazendo justamente o que muitos fazem com os cavalos ao chamarem de educação a isso que se faz, na realidade, para forçá-los a aprender. Michel Foucault disse em seu livro Vigar e Punir: *"Talvez hoje nossas prisões nos envergonhem. O século XIX orgulhava-se das fortalezas que construía nos limites e por vezes no coração das cidades. Encanitava-lhe essa nova benevolência que substituía a forca. Maravilhava-se de não mais punir os corpos e de saber corrigir as almas a partir de agora. Aquelas muralhas, aquelas trancas, aquelas celas representavam um verdadeiro empreendimento de ortopedia social."* [tradução livre]

Ao longo dos tempos, sucederam-se situações similares: o confinamento forçado das mulheres em conventos; as casas de trabalho do século XVII que transformavam mendigos em "trabalhadores úteis"; a separação e o confinamento de crianças nativas australianas longe de seus pais para ensiná-los o serviço nas casas dos brancos e "educá-los", entre outros, são exemplos de um processo forçado de ensino que hoje não chamaríamos de "educação". Quando confino um animal, um ser, um sujeito, a fim de "ensinar-lhe" algo; quando limito sua liberdade com cercas ou com cordas amarradas ao seu corpo, é explícito que faço isso porque não quero que ele exerça sua liberdade de movimento ou de decisão. Tal processo de ensino não pode ser chamado de "educativo" sem converter-se em um eufemismo. Ao impor limites físicos ou temporais, estou submetendo o outro ao meu ensino, minha instrução.

Se ao cavalo são negadas todas as opções de movimento, exceto aquelas que eu desejo, não estou inspirando ou despertando sua curiosidade, ou educando o seu interesse; estou forçando-o, obrigando-o ou, em todo caso, manipulando-o para fazê-lo agir como lhe ordeno.

Entendo que meus artigos são um pouco chocantes ou desafiadores para algumas pessoas. Esta é uma maneira de gerar algum interesse, uma provocação, um recurso para captar a atenção. Este desafio é na realidade um convite a romper com certas estruturas de pensamento. É um desafio que está dirigido não às pessoas, mas sim aos axiomas que elas, consciente ou inconscientemente, aceitam e defendem. Certas frases como "o cavalo sempre tem razão", "o cavalo não nasceu para ser montado", "o cavalo não nos deve nada, nem está obrigado a obedecer", "o cavalo não nasceu para usar ferraduras", entre outras, questionam várias máximas dentro do mundo equestre.

Na educação, pode-se usar o desafio para atrair o interesse e a curiosidade de alguns cavalos, mas estes são estágios muito preliminares, onde o discípulo não é discípulo, e o instrutor ainda não é reconhecido como instrutor, pois até então só existem dois seres, dois iguais sem nenhum papel estabelecido. É muito importante esclarecer neste ponto que tampouco poderíamos chamar a isto de educação se não temos internalizado e naturalizado os conceitos que mencionei acima ("o cavalo não nos deve nada", por exemplo). Tudo o que fizéssemos nesse sentido, sem essas ideias arraigadas em nossos corações, seria um substitutivo, uma

pantomima que estaria dissimulando o abuso e a prepotência de nossas
ações.

*"O que as pessoas fazem com os cavalos na maior parte do tempo não
tem relação com o sentimento e a paixão que originalmente as conduziram
a essa bela criatura. O nome desse agradável e muito sincero sentimento
é o Amor pelos cavalos. Mas a partir do momento que essas pessoas se
aproximam de um cavalo, imediatamente aparecem alguns "especialistas" e
começam a explicar que o cavalo deve ser empurrado, golpeado e que eles
precisam ser amarrados e controlados com rédeas que estão conectadas a
um instrumento metálico na boca do animal. Um sistema baseado nessas
ideias exclui qualquer tipo de amor, especialmente o amor pelos cavalos.
Se observarmos a maneira como os atletas, os dublês de filmes e os
representantes da escola clássica tratam seus cavalos, não parece que eles
agiram por amor, mas por ódio ao cavalo"* argumenta Alexander Nevzorov.

Deixando de lado os ginetes e amazonas comuns em busca de
pistas para poder entender esse ser que está tão perto de nós, mas ao
mesmo tempo tão distante — o cavalo — percebemos que existem muitos
domadores, sussurradores e especialistas em domas alternativas que
são muito bons no que fazem. A questão é: o que eles fazem? Aboliram
completamente fora de seus ensinamentos o controle, o medo, a força,
a imposição, o confinamento ou as cordas? Em todos os casos, em todos
esses métodos alternativos, chega o momento em que o instrutor se
vê "obrigado" a recorrer à violência, à força ou à coerção "necessária". E
esse é o momento em que tudo se desfaz e a pessoa se desmancha em
justificativas e explicações sobre as "necessidades", a "situação atual", a
"natureza", a "etologia", a "psique" equina, ou qualquer outro motivo que
justifique o "só desta vez", o "nestes casos", o "porque é melhor assim do
que de maneira mais violenta", por que "os cavalos também o fazem", entre
outras desculpas.

Esta contradição, especificamente nestes casos e em geral, baseada nos axiomas indiscutíveis discutidos na página anterior, promove, por confusão ou por ignorância, relações em grande medida patológicas entre as pessoas e os cavalos.

Violência explícita

*Muitos querem dominá-lo
com o rigor e o chicote,
e se veem o Chafalote
que tem vestígios de mau,
amarram-no em algum poste
até que se desnuque.
Martin Fierro, José Hernández*

Em sua franca busca por dobrar e subjugar o "nobre bruto" através da força e do chicote, as domas violentas geram resistência, medo e desconfiança nos cavalos. O cavalo sente o homem como seu opressor e se mantém sempre na defensiva.

Embora a situação não seja boa para o cavalo, pelo menos é clara. Mas o que acontece com a saúde psicofísica de um sujeito quando alguém se comporta de maneira afetuosa e a seguir o machuca, e volta a ser afetuoso, e a seguir abusivo de novo, e assim sucessivamente? Além do fato de esse comportamento claramente não é amigável, nem respeitoso, nem sadio, pergunta-se o que seria melhor: uma guerra declarada ou o leão na pele de um cordeiro?

O masoquista diz ao sádico: "me bate, quero sentir dor", ao que o sádico responde: "não, de jeito nenhum". Frase popular. A complexidade das relações humanas é grande e isso se estende à nossa relação com outros indivíduos não humanos. Queremos bem aos cavalos ou os admiramos, e muitos dizem que os respeitam enquanto os maltratam, os negociam como objetos e os escravizam para seu prazer.

A cada dia vemos com mais clareza o preço que fazemos nosso cavalo pagar por ter sido comprado, alimentado ou tratado quando a ocasião exige.

O desconforto produzido pelo confinamento em espaços reduzidos e, só por esta razão, insalubre para um animal desse porte, já não passa mais despercebido como antes. O dano evidente das ferraduras, as dores dos freios e chicotes, o abuso de trabalho ou exercício forçado, entre outros, vão ganhando relevância na medida em que a consciência das pessoas, a ciência ou a medicina veterinária não silenciadas por interesses financeiros, somam suas vozes em prol do verdadeiro interesse pelo cavalo como sujeito e como espécie.

Evidentemente, toda essa realidade é complexa e cada um encontrará as justificativas relacionadas ao seu caso antes de começar a buscar o quanto do que proponho é aplicável na sua relação com os cavalos. O ser humano tende a acreditar mais facilmente em uma mentira agradável do que em uma verdade desagradável. Também é evidente que aqueles que desconhecem que coisas provocam danos à psique ou à anatomia dos cavalos não conseguirão entender sobre a realidade da relação histórica homem-cavalo. E se somarmos a isto a ideia de que, por tê-los criados em nosso ambiente ou porque os alimentamos, é dever do cavalo servir-nos ou obedecer-nos, estaremos muito longe de conhecer as bases que uma verdadeira educação e uma relação respeitosa necessitam.

Conclusões

Para educar o cavalo é preciso liberdade, não cordas (cabrestos, rédeas, buçais) ou cercados (redondeis, mangueiras, pistas). É preciso respeito (à sua vontade, à sua anatomia e à sua fisiologia), e não desculpas que justificam por que devemos obrigá-lo a nos dar a atenção. Se nos recusamos a ver esses simples fatos ou passarmos a justificá-los, estaremos apenas agregando confusão e ignorância às nossas ações. Sei que isso pode ser muito difícil para algumas pessoas que já têm um longo caminho junto aos cavalos, mas acredito que é isso mesmo que os ajudará a entender, caso se olhem a si mesmas com autocrítica e sinceridade. A decisão, obviamente, está em cada um, uma vez que a educação somente poderia ser aplicada em liberdade.

Poupa-te dos conselhos

Corrija o sábio e você o tornará mais sábio;
corrija o tolo e você o tornará seu inimigo.
Provérbios, 9,8.

Queridos amigos, concordo que todos, no geral, que me leem, passamos por um processo de abandono, em certa medida, do histórico e do tradicional na equitação. Alguns até estão percorrendo um caminho de busca de outras formas menos violentas e prejudiciais em relação a nossos cavalos, como alternativa. Quisera eu tivesse sido diferente (pelo menos para mim) e tivéssemos tido a sorte de sermos orientados, desde crianças, por adultos que nos guiassem pelo respeito aos animais e não para sua submissão. O processo tem sido longo para alguns de nós. No meu caso, o caminho foi longo o suficiente para ocupar mais de cem páginas do meu primeiro livro.

Todo o processo é muito respeitável, como diz o ditado, "Roma não foi construída em um dia". Também sei que para aqueles de nós que se definem como "amantes de cavalos", presenciar certas situações dolorosas ou prejudiciais a eles é muitas vezes realmente difícil e sentimos uma grande necessidade de intervir ou fazer algo na defesa do bem-estar desses cavalos.

Inclusive aceito que haja razão para dizer que existem diferentes graus e medidas, culpas e responsabilidades e outros critérios de natureza basicamente humana, moral e ética. Infelizmente, devo dizer que todas essas coisas não importam para o cavalo: quando causamos dano repetidamente, o cavalo apenas sente dor – não importa quais sejam as nossas intenções.

Lamentavelmente para todos nós, os animais são muito obedientes à sua fisiologia e miologia, independentemente de nossas convenções ou intenções morais. Podemos falar e escrever todo um compêndio sobre como é melhor mover suavemente os dedos que tomam as rédeas e a "grande diferença" entre esta Arte e um impacto de metal contra os dentes produzido pelo puxão nas rédeas por um amador ou "bárbaro"; podemos dizer que aqueles que têm consciência disso e são cuidadosos durante a montaria são melhores ou mais responsáveis do que aqueles que não têm. Porém, ouso dizer que para o cavalo tudo isto não importa, e para mim, neste momento e depois de ter tentado incansavelmente dialogar com todo o tipo de pessoas, não posso identificar uma diferença relevante.

O que quero dizer é que não há meio termo, pelo menos neste contexto, onde se reivindica a "suavidade das mãos" ou a cavalgada sem selas para mitigar os danos causados ao cavalo. Tento expor essa ideia de forma aceitável e não ofensiva para ninguém. Mas para além das susceptibilidades particulares de cada um, fatos são fatos, ou seja, parte de uma realidade que ultrapassa as nossas boas ou más intenções, os nossos títulos ou graus honoríficos. Alexander Nevzorov diz isso de forma mais direta e talvez mais contundente, mas certamente correta quando explica:

A "embocadura suave" não existe na natureza. À exceção de um, quem sabe, feito de mercúrio, com o qual não é possível fazer nenhum tipo de freio. Ferro é ferro. Acredita-se que quanto mais grossa a embocadura, mais "suave" ela é. Mas isso não faz sentido. Na verdade, as embocaduras grossas e "carnudas", ou espessas, amenizam a ação dolorosa na boca, mas a potencializam na língua, ou seja, nos nervos lingual e sublingual, pois com maior espessura tem-se maior volume e peso. Consequentemente o freio ocupa mais espaço na boca e a pressão dolorosa se espalha por uma área maior da língua e do palato. Evidentemente, todas as feridas profundas e lesões na boca descritas por veterinários antigos e modernos não ocorrem a cada segundo com todos os cavalos. Mas elas são possíveis de ocorrer a qualquer momento e em um grau ou outro são inevitáveis para todos os cavalos que têm reação dentária ou trigeminal a pedaços de ferro colocados na boca.

É necessário entender que o resultado lógico da exposição dolorosa que o cavalo experimenta a cada segundo são feridas e lesões graves. A chamada "mão leve" ou "mão suave" nada mais é do que o conhecimento de como infligir fortes dores paralisantes na boca do cavalo, sem infligir feridas articulares profundas ou infligindo-se apenas em algumas ocasiões. E nada mais. No entanto, isso não impede os "amantes de cavalos" - mesmo os aficionados mais tradicionais que circundam o mundo equestre - de continuarem a enganar a si mesmos e aos outros com absurdos, tolices como "embocadura suave" e debates sobre "mãos suaves".

É impossível atribuir o desconhecimento a respeito da trágica função das embocaduras equinas a algum tipo de desatualização, uma vez que há muita informação acadêmica validada e sustentada por veterinários do mundo inteiro. E é preocupante ver que 99% dos "profissionais dos cavalos", mesmo aqueles que apenas acidentalmente tomam conhecimento sobre essas verdades, seguirão fingindo não saber. Eles têm plena consciência de que só sabem lidar com o cavalo causando-lhe uma intensa e constante dor. E eles não estão familiarizados com outros métodos.

O reconhecimento de uma coisa tão óbvia, o papel invariavelmente traumático e tortuoso do bridão, do freio e dos bridões Pelham, transfere-os instantaneamente do nobre papel de "amante de cavalos" para as fileiras de sádicos ou ignorantes. São sádicos se sabem e entendem tudo relacionado à função do freio, mas continuam com suas diversões; são ignorantes se não sabem de algo tão óbvio, de tamanha importância e primazia, muito menos entendem o que estão de fato fazendo. O "público equestre" não está preparado para protagonizar nenhum dos dois papeis.

Um amplo e vasto conhecimento da função do freio por aqueles que são acostumadas a se referir a ele e ao seu 'amor pelo cavalo' com um tom de voz infantil acaba por colocá-los em uma posição muito embaraçosa, ofuscando um pouco a satisfação da diversão que elas aprenderam a amar. O mais cómodo e simples nesta situação é fingir que está tudo bem e que não existe nenhum problema fundamental com o freio ou as embocaduras em geral. Além disso, há uma grande influência do "estabelecimento ou hospedarias dos equinos": todas as pessoas que frequentam cocheiras públicas e equestres (instrutores, proprietários de cavalos, alunos, tratadores, patrocinadores) são pessoas unidas por uma escassez de talento equestre e por uma total incapacidade de escutar o cavalo ou estabelecer uma relação com ele.

Pessoas que hipnotizam os demais com falácias como "não há outro caminho a não ser através da dor", ou que o cavalo, por exemplo, "adora saltar". Tal como retratado com charme nos livros de receitas antigos: "As carpas crucianas adoram ser assadas em nata". E, novamente, por que não dizer a verdade? Por que não dizer que saltar sobre as varas pintadas seria impossível sem uma inevitável sensação dolorosa e que o salto em si é uma forma de tortura para o cavalo? Ou essas mesmas pessoas estão enganando a si mesmas e umas às outras com a história reconfortante de que usam apenas uma "embocadura macia"? Alexander Nevzorov

A mudança que deve ocorrer em muitos de nós para entender tudo isso é tão profunda que só posso me referir a ela como um processo. Existem, por exemplo, coisas, gestos e acontecimentos, não só físicos, mas inclusive do ponto de vista psicológico, para os quais permanecemos cegos por muito tempo, incapazes de imaginar o que sente um cavalo quando nos aproximamos dele.

Um simples de buçal ou cabresto significa para qualquer cavalo domado o fim da sua capacidade de escolha. Nossa aproximação a um cercado fechado, significa a perda de sua capacidade de preservar seu espaço pessoal para que possa se afastar alguns metros.

Uma "correção" de nossa parte acarreta desconsiderar suas razões o que, repetidamente, o leva a um estado de desamparo aprendido que raramente percebemos.

É por isso que costumamos dizer na Escola que "O Cavalo sempre tem razão."

Agora, enquanto tentamos um novo método natural, uma montaria sem sela, uma cabeçada sem freio (tão prejudicial à sua anatomia quanto inútil para a verdadeira "reunião" do cavalo e para a sua biomecânica natural), nosso cavalo segue sendo simplesmente ... o nosso brinquedo?

Meu conselho, caso alguém esteja interessado é: enquanto estiverem vivendo esse processo que mencionei no início, estudem como não causar um dano. *Primium non nocere.*

Se isso significava ficar distante de um cavalo ou não montá-lo, garanto que essa é uma diferença de índole prática muito mais importante do que moral ou ética, que seus cavalos irão apreciar.

A verdade última do binômio

Se o propósito do uso da linguagem é fazer com que entendamos uns aos outros, esse objetivo fracassa a partir do instante em que alguém expressa uma inverdade. Porque nesse momento já não podemos dizer que não sabemos, e estamos ainda mais longe da informação -estamos piores do que na ignorância, pois fomos levados a crer que algo era preto quando era branco, ou comprido quando era curto.

Jonathan Swift, *Un viaje al país de los Houyhnhnms, em Viagens de Gulliver*

A Verdade e os Cavalos

Deveríamos reconhecer que os cavalos não foram feitos para serem montados. Podemos começar aceitando esse simples fato. Isso nunca seria prejudicial para as pessoas, pois implica nada mais do que ver a realidade como ela é. A partir deste ponto, há um leque de possibilidades quanto à atitude e ações que cada um pode tomar, e isso depende, em última instância, de cada um. E chegar a esse entendimento já significaria um grande passo para a relação entre homem e cavalo.

Se realmente quiséssemos tentar entender e aceitar, compreenderíamos, e o óbvio não nos seria tão estranho.

A ilusão social generalizada sobre os cavalos nos permite transitar sem responsabilidade e sem ressentimentos pelo mundo das atividades equestres. Esta ilusão é reforçada pela falta de conhecimento, por interesses egoístas, comerciais, medos ou simplesmente por falta de compromisso ou de responsabilidade.

Apenas adoce meus ouvidos

Naturalmente, todos nós nos afastamos do que é desagradável e tendemos a nos aproximar do que nos dá prazer. E o cavalo, assim como os outros animais, é fiel a essa lei natural e isto lhe proporciona a sobrevivência. Por essa lógica simples, não é possível que um cavalo goste de ser maltratado, de ser espancado, de ser ferido de alguma forma. Nenhum cavalo escolhe receber uma chicotada ou carregar um peso nas costas que cause desconforto, dormência, queimação ou qualquer tipo de dor. Não importa que o dano seja momentâneo, imperceptível e de curto prazo.

Nós seres humanos somos iguais: não somos atraídos pelo que é desagradável, pelo que nos incomoda. No caso do binômio homem/cavalo, por exemplo, se uma jovem é apaixonada pelo seu cavalo pratica com ele atividades esportivas, recreativas ou similares, o problema é outro.

O problema não é a semelhança que temos com o cavalo nesse aspecto de rejeição do desagradável, mas sim que, ao contrário dos cavalos, as pessoas manipulam conceitos e vivem guiadas por eles. Temos uma linguagem verbal e conceitual altamente desenvolvida, e dentro dessa riqueza de linguagem existe algo chamado mentira ou engano, e até autoengano. E é aqui que reside a diferença com os animais. Os conceitos e ideias nos proporcionam emoções que podem ser agradáveis ou desagradáveis, como alegria, sofrimento etc. A maioria das pessoas, por essa "lei básica da natureza", prefere acreditar em uma mentira se ela for gratificante.

Então hoje nossos jovens e crianças de todas as idades estão acreditando em todo tipo de mentira sobre cavalos. Eles são vistos em todos os lugares abraçando seus cavalos amarrados, beijando os rostos de seus cavalos cheios de ferros na boca, ou bochecha com bochecha.

Eles dizem que amam os cavalos e dão a eles o melhor, acreditando com entusiasmo e talvez ingenuidade que seus cavalos estão agradecidos e felizes.

Se não fosse tão triste, poderia até ser engraçado, não é mesmo?

A relação

A relação

Os artigos a seguir foram escritos para que se possa aclarar minha proposta de abordagem responsável, respeitosa e íntima com os cavalos.

Voltar a sentir

Neste mundo de cabeça para baixo, ouvimos conceitos tão estranhos como que "o cavalo deve ser dessensibilizado para uma boa relação com ele". Buscando assumir que isto é uma coisa boa, somos nós que vamos perdendo a sensibilidade e a possibilidade de conexão e empatia.

Não é isso necessário para perpetuar a violência e a falta de comunicação? Com esta filosofia, a pessoa e o cavalo devem desconectar-se parcialmente de si próprios, de sua natureza e suas sensações. A experiência nos diz que, parcialmente sensíveis, o cavalo e a pessoa alcançam o que hoje se considera a arte de *horsemanship*. Somente nessas condições o ancestral paradigma de dominação pode ser perpetuado.

Proponho exatamente o contrário: devemos sensibilizar as pessoas em vez de dessensibilizar os cavalos. Aqueles que desejam que seu relacionamento com os cavalos floresça devem usar a compaixão como sua principal ferramenta em vez da corda, do redondel, da etologia ou da liderança.

É certo que para domar cavalos ou montá-los é preciso um pouco de empatia, mas não muita. Para as pessoas amantes da equitação, desenvolver em excesso a capacidade de se colocar no lugar do outro e entender o que ele de fato sente as faria automaticamente deixar de cavalgar, se não para sempre, pelo menos da maneira como estão fazendo.

Devemos aprender, mudar nossa mente e descartar muitas suposições e desculpas que profissionais de diferentes métodos vêm proferindo desde tempos imemoriais:

Que o cavalo está aqui para nós, para nos servir e acatar nossa vontade.

Que sua existência deveria responder ao nosso desejo de montá-lo, e sua vontade, ao nosso capricho egoísta de fazê-lo, sem respeitar o que ele sente ou o que lhe aconteça e sofra nesse processo.

Que o cavalo não sente nada, porque é um animal... seja pelo seu tamanho ou pela sua força...

Que ele precisa saber quem manda e isso fará com que ele nos respeite ou nos siga.

Que deixar um cavalo fazer o que quer o "arruína" ou o torna "voluntarioso", "incontrolável", "viciado", etc.

Que o submetimento- seja "violento" ou "não violento" - é a única maneira de se obter algo deles.

Precisamos saber:

Que hierarquia e liderança, obviamente, não são a mesma coisa, mas nada têm a ver com a amizade com um cavalo, uma vez que ninguém pretenderia ser chefe ou líder de seu amigo.

Que o que se costuma chamar de liderança no meio equestre é apenas manipulação, uma vez que a aceitação da guia do outro ocorre a partir da própria vontade consciente e da liberdade.

A lista é longa, mas, por hoje, deixo com vocês apenas esta observação.

O cavalo é muito habilidoso para esconder sua dor, já que na natureza um animal debilitado se torna uma presa muito tentadora. Seria esperar em vão que ele lhes diga o que vocês já sabem e por simples lógica podem entender.

Eu lhes convido como sempre, mais uma vez, a repensar, e voltar a sentir, porque só assim iremos criando o paradigma da nova era da nossa relação com os Cavalos e os animais em geral.

A arte dos cavalos

Se pode deslizar o arco sobre o fundo de um violino durante trinta anos, ou até cem anos, mas ainda assim não haverá qualquer música. E a pessoa que sustenta o arco também não se tornará um músico.
Alexander Nevzorov

Geralmente, escrevo sobre cavalos. Muito se tem falado de Arte neste âmbito: "a arte da equitação", "arte equestre", "a arte da doma".

Sendo o cavalo uma criatura, um ser, um outro com vontade e decisão própria com o qual desejamos interagir estamos, então, no universo das relações, quer aceitemos isso ou não.

Quando digo "universo" refiro-me a um determinado espaço que pode ser conceitual ou físico onde, em geral, se acredita que são aplicadas as mesmas normas, a mesma lógica, as mesmas regras. E são essas regras, normas, orientações que todos conhecemos: "não faças aos outros o que não queres que façam a você", por exemplo, entre outras máximas.

Há muito tempo, o psicólogo e filósofo Erich Frömm escreveu um livro chamado *A arte de amar*. Ele considera em sua obra que, dentro das possibilidades de nos relacionarmos, a do amor é uma arte. E evidentemente, como toda arte, ele pode ser aprendido.

Agora, para que exista arte, talvez seja necessária uma técnica, embora o essencial seja a compreensão do que realmente estamos fazendo ou queremos fazer. Isso requer alguma compreensão sobre nós mesmos e sobre os outros.

Historicamente, os seres humanos têm tido certas dificuldades em reconhecer a igualdade dos outros seres em relação a nós. As diferenças morfológicas, a cor da pele, o formato dos olhos, a quantidade de gordura corporal, foram e são, por vezes, uma barreira para reconhecer o outro.

É verdade que é mais fácil reconhecer primeiro as similitudes formais; é mais simples compreender um chimpanzé do que uma cobra, pelo menos num primeiro momento.

Quando falo de compreensão, em princípio, quero dizer o mesmo que já disse em outros escritos sobre o assunto.

Em inglês, compreender significa colocar-se abaixo de algo, *understand* (*under*: abaixo, e *stand*: estar no lugar). Meu professor de aikido dizia: *"compreender é aprender de alguém ou de alguma coisa, compreender uma pessoa é perceber o que a pessoa percebe; compreender algo é perceber de tal maneira que nossa percepção disso cria uma unidade harmônica. Qual é a diferença entre aprender e compreender? Geralmente, a aprendizagem tem um objetivo definido: aprende-se uma técnica, um idioma, um esporte. Enquanto compreender significa entender o significado das palavras dos demais, ou seja, aprender a relação que existe entre suas palavras e a realidade a que se referem"*. Quando compreendemos um animal, estamos aprendendo a relação entre suas ações e seu entorno. Nesse sentido, compreender é aprender sobre as relações.

Continuamos então no campo das relações. Lembrem-se da frase de Alexander Nevzorov: *"Uma simples análise como 'quando eu faço o que faço, o que é que ele sente?' é o caminho mais curto para se chegar ao coração de um cavalo..."*. Para isso, é necessário um estudo e aprendizagem bastante específicos, algo do que já descrevi em *El Silencio de los Caballos*, pois devemos entender esta *"gramática fisiológica"*. Caso contrário, estaremos supondo ou seremos vítimas das fantasias e eufemismos populares do meio equestre.

Portanto, a pergunta *"o que estamos fazendo ao lidar com um cavalo?"* tem, em princípio, duas respostas. A primeira seria entender ou saber o que estou fazendo quando interajo com meu cavalo e, evidentemente, o que ele sente quando eu faço o que faço, por exemplo, puxar as rédeas. A segunda resposta é bem simples: estou me relacionando com outro indivíduo. Para entender essa segunda resposta, eu teria que ser capaz de ver e sentir o cavalo como outro indivíduo, por exemplo, como se fosse eu mesmo ou outra pessoa. Considerem fazer isso como um exercício de imaginação, não tenham medo. Claro que não estou dizendo que o cavalo é um ser humano, o que quero é que se entenda que não é uma coisa, mas um indivíduo com o qual estou me relacionando.

O próprio Frömm, em seu livro citado anteriormente, trata de estabelecer uma relação estreita entre o conhecimento e a compreensão na arte de amar, na arte das relações. E é porque existe essa estreita relação, pois o cavalo é um Outro não humano, como já mencionei. Isso requer algum conhecimento extra, pois, embora existam semelhanças e diferenças entre os hominídeos (família à qual pertencemos) e os equinos, o problema não são as diferenças. Na verdade, o problema é religioso, filosófico ou de arrogância: é esse tipo de pretensão que nos faz sentir que, por pertencermos à ordem dos primatas hominídeos, temos privilégios ou atributos que nos permitem nos colocar acima de outras espécies.

Mas como disse anteriormente, quando com a perspectiva apropriada, começamos a nos questionar sobre o cavalo e suas necessidades, obrigações e perspectivas, rapidamente entendemos. É neste momento que começamos a amar seu ponto de vista, seu desamparo, sua liberdade...

Bem no início do livro de Frömm, encontrarão esta citação de Paracelso:

Quem não conhece nada, não ama nada. Quem não pode fazer nada, não compreende nada. Quem não compreende nada, nada vale. Mas quem compreende também ama, observa, vê... Quanto maior é o conhecimento inerente a uma coisa, maior é o amor... Aquele que acredita que todas as frutas amadurecem ao mesmo tempo que os morangos, nada sabe sobre as uvas.

Naturalmente, há aqueles que não querem ou não conseguem entender o que estou dizendo. É compreensível: para alguns de nós, foi um longo processo de transformação até conseguir entender. Eu, pessoalmente, levei vários anos. Por isso entendo que, por diversos motivos e circunstâncias, para muitas pessoas, mesmo sendo profissionais de doma ou equitação, lhes custe compreender os cavalos. Na verdade, acho que geralmente acontece o contrário: quanto mais alguém se encontra envolvido em uma das profissões equestres, mais difícil se torna voltar-se a uma compreensão mais lógica e simples. Ao olhar o passado e ver meu percurso ou o das pessoas de cavalos, com quem fui me relacionando, como o meu instrutor de doma índia, diferentes ginetes de elite ou profissionais veterinários que conheço pessoalmente, me dou conta da grande dificuldade que há para entender pelo simples fato de estarem "deslizando o arco do violino na sua parte de trás". Digamos por ora que são pessoas que "não têm uma xícara" ou, pelo menos, ainda não conseguiram ?? uma. É muito desalentador na hora de lidar com esse tipo de pessoa.

...é inútil explicar-lhes qualquer coisa. Nunca entendem ou não aceitam, nunca o farão.

De acordo com Zen, esses são o tipo de pessoas que "não têm nenhuma xícara". Por "eles não têm xícara" me refiro à conhecida história de um mestre Zen e seu tolo irmão leigo:

"Quando o tolo irmão leigo perguntou ao mestre uma pergunta complexa sobre o destino, o mestre respondeu: - Posso responder à sua pergunta, mas não farei, porque você não vai entender. Imagine que tenho uma chaleira com chá e você quer beber. Estou disposto a lhe servir o chá, mas é necessária uma xícara. E você não tem nenhuma.

Si yo sirviera el té en tus puños, te quemarías. Vas a gritar de dolor y vamos a arruinar tus puños, las esteras y el barniz del suelo... y tú ni siquiera lo llegarías a probar".

Exatamente da mesma forma, esse conhecimento é inútil para "Amantes" dos cavalos. Obtendo-o, vão queimar as mãos e gritar de dor, mas o sabor do conhecimento permanecerá desconhecido para eles, pois "eles não têm nenhuma xícara".

O sabor do conhecimento só é verdadeiramente compreendido através da prática.

O que quero dizer com "uma xícara"? Por uma xícara entendo o amor por um cavalo, mas não o amor de por a bunda num cavalo, o amor equestre que é idêntico ao amor de um "motociclista" pela sua moto ou vespa, mas o verdadeiro amor que se alimenta do conhecimento dos cavalos e que te leva a saber com precisão os sentimentos e sensações do outro que você ama, e coloca o bem-estar dele acima da sua comodidade e caprichos. Texto de Alexander Nevzorov, em "Tractate on school mount."

Acho que não me equivoco ao tratar de afirmar em meus escritos que o amor existe no "universo das relações" e em todas elas há a possibilidade de vivenciá-lo. Porém, neste mesmo universo das relações, existe o abuso, a manipulação, a violência - que às vezes pode não ser explícita ou evidente -, o submetimento, o estupro, a guerra, o ódio. Nevzorov costuma dizer que não existem as maneiras gentis, as domas não violentas, os métodos suaves de relação com os cavalos, mas que "existem dois tipos de relação, as patológicas e as normais".

O universo dos cavalos será, então, para aqueles que aprenderem a arte de amar o cavalo, não para os que buscam o que se pode obter deles. Para aqueles que têm a sua "xícara", para aqueles que têm esse amor ou estejam decididos a aprendê-lo, será possível conhecer o sabor de uma relação saudável com os cavalos.

ConCaballos: Uma escola de hipologia

Todos sonhamos em algum momento em poder entrar em contato com cavalos.

Sonhamos uma relação única e especial ou com ter o dom que nos aproxime dessa criatura de maneira natural, espontânea e plena, e que ela nos honre compartilhando o seu grande poder e graça, seu belo espírito de liberdade e seu amor incondicional.

Mas o que o cavalo sente a respeito disso? Do que ele necessita? Quem ou o que é o cavalo realmente? É possível o encontro sem esse entendimento?

Certamente para nós que amamos e admiramos esse ser, fazer-nos estas perguntas nos levará a buscar uma outra relação com os cavalos e uma renovação em nossa forma de vê-los e entendê-los.

O caminho da Escola

A ideia do estudo hipológico que proponho não é o aprendizado de técnicas, mas a compreensão básica do cavalo. Quero deixar isso bem claro aqui para que não haja mal entendidos.

Na primeira etapa começamos a partir da mais simples aproximação à sua anatomia e fisiologia, à qual acrescentamos uma análise detalhada de nossas formas de relação com os cavalos e com outros animais. Isso é necessário para poder derrubar as barreiras da ilusão que não nos permitem o acesso à realidade do cavalo. Na sequência, uma vez que tomamos consciência, podemos nos relacionar com o cavalo vendo-o como ele é e não como o imaginamos ou gostaríamos que fosse. Assim começa o caminho desta Escola.

Isso é necessário hoje em dia, dada a grande confusão que existe no mundo dos cavalos, onde a ignorância se mistura com o tradicional e até com o mágico.

Sei que muitas pessoas não conseguem compreender o que ensinamos ou por que o fazemos. O que mais haveria para aprender além de montar, domar ou treinar um cavalo? Que relação tem a educação ou o cuidado de um cavalo com a anatomia?

A princípio, parece que muito pouca, do ponto de vista da equitação e do manejo equestre natural ou tradicional. Isso porque há um efeito muito grande do utilitarismo sobre nossa relação com os animais em geral e com os cavalos em particular. Seria até possível dizer que existe uma anatomia equina e uma anatomia equestre. É por isso que consideramos que há muito o que rever sobre o que sabemos de cavalos. Alexander Nevzorov, por exemplo, costuma dizer: *Uma análise simples como "quando eu faço o que faço, o que é que ele sente?" é o caminho mais curto para o coração de um cavalo e de uma eficácia fantástica na educação deste. Mas a pergunta "o que ele sente?" deve ser respondida com honestidade. Honestamente ao extremo. Quanto mais inquisitivamente o cavaleiro se perguntar, mais completa e precisa será sua imagem das sensações fisiológicas que o cavalo experimenta. Quanto mais honestamente for possível responder a si mesmo, mais eficaz será o processo educativo em si. Mas, como já mencionei, para responder com honestidade, você deve compreender.*

Peço desculpas pela minha atitude dura, mas estou repetindo mais uma vez que entender as sensações fisiológicas de um cavalo com todas as suas nuances é de vital importância.

A pessoa que não entende essa "gramática fisiológica" não compreende o cavalo, não entende nada.

A pessoa que não entende essa "gramática fisiológica" não compreende o cavalo, não entende nada.

Outro passo para "*romper com o estereótipo*" é o abandono das técnicas. Por isso é que no currículo nossa Escola deve incluir uma análise profunda da relação homem-cavalo. Quando começamos o fazemos, não as descartando de imediato, mas, ao longo de toda esta primeira etapa, dedicamo-nos à análise dos diferentes métodos de doma-adestramento que existiram e existem hoje. Desta forma, torna-se evidente não apenas a contradição existente entre as metodologias equestres, com as suas distintas técnicas de amanse ou de aproximação do cavalo, como também o inecessário destas, a violência oculta, a falácia de suas promessas de amizade e respeito, e o propósito final de controle dos cavalos.

Como expliquei em várias ocasiões, quase todas aquelas técnicas existentes são atalhos para conseguir algum controle do cavalo ou de suas habilidades. O abandono desta atitude leva à busca de uma relação honesta e sincera com este outro ser com o qual quero estabelecer contato, neste caso, o cavalo. Geralmente, isso produz grandes mudanças nas pessoas que frequentam nossa escola. A amizade verdadeira se constrói de outra maneira e não há técnica que sirva para o encontro com o outro.

Uma relação sincera, plena, franca com outro ser não pode estar pautada pelas modas, pelo utilitarismo ou pelo egoísmo. Quando isso acontece, não estamos falando desse contato íntimo de alma para alma.

Isso é parte do que as pessoas que vêm à nossa escola aprendem, além de anatomia. Devo esclarecer que é neste momento que se produz a primeira situação crítica, pois nem todas as pessoas estão dispostas ou preparadas para determinadas mudanças. Mas aqui não devemos confundir o que cada um está aprendendo na tarefa com a tarefa em si. Como disse anteriormente, nossa abordagem inicial é básica e simples, sem nenhuma promessa além do conhecimento elementar para um reconhecimento do Cavalo como sujeito, não como objeto de utilidade terapêutica [16] ou de uso desportivo.

[16] Ver o artigo sobre terapias assistidas e coaching na página 149.

As interpretações e contradições mais comuns

Existe uma espécie de ventriloquismo, um autoengano muito comum no meio equestre e graças a ele milhares de pessoas repetem a mesma frase: "meu cavalo gosta de...". Essa necessidade de justificativa, alegando um prazer compartilhado com o outro, é terrivelmente destrutiva para a relação por se tratar de uma fantasia. Outras falas e palavras, colocadas na boca do cavalo, são frequentemente ouvidas nos cursos de "amanse", "doma natural", "*coaching*", "etologia aplicada ao desenvolvimento empresarial" e outras propostas semelhantes. **Insisto que tudo isso não faz sentido ou é pura falácia caso se desconheça o cavalo.**

Como diz Alexander Nevzorov:

A pesquisa sobre a "psicologia profunda do cavalo", os diferentes tipos de práticas "extrassensoriais" ou xamânicas não são as coisas mais importantes. São atraentes e podem ser necessárias no trabalho de Escola com um cavalo, mas tudo decorre inicialmente da fisiologia e da anatomia.

Você pode memorizar os ensinamentos de Pluvinel e Fiachi, pode cobrir-se, da cabeça aos pés, com amuletos Lakota. Pode aprender todos os feitiços do "Falling coyote" ou da "Horse enciclopedia", mas se você simplesmente qualquer dor ou desconforto ao cavalo, ele não será seu amigo.

Por fim, para conquistar o respeito real do cavalo — e não esse tipo de imposição de nossa arbitrariedade, que costumamos chamar de respeito no ambiente de adestramento animal —, estando já no campo da relação com o cavalo, segue-se o abandono das expectativas, dos resultados e das ambições pessoais, para a necessária evolução de nossa relação com ele. Alexander Nevzorov escreve:

A questão é que o principal segredo de uma relação especial com o cavalo, o que confere ao homem as habilidades surpreendentes para educá-lo, consiste no fato de que não existe nenhum segredo.

A verdade é que existe, mas é tão modesto, tão pouco espetacular, que até me sinto desconfortável em mencioná-lo.

O segredo da relação com o cavalo é amar sua essência quando você olha para ele.

Sentir a sua dor, medo e desconforto como se fossem seus próprios. Amar seu singular ponto de vista, visto a partir do mundo humano e, sempre que possível, compartilhar essa visão do mundo.

É necessário respeitar a total vulnerabilidade do cavalo e reconhecer o seu direito de estar insatisfeito. É necessário renunciar à arrogância de primata estúpido e perceber que pertencer à subordem dos hominídeos não dá qualquer direito absoluto a nenhum tipo de supremacia.

O segredo da alma do cavalo é que o cavalo não lhe deve nada e não é obrigado a obedecê-lo.

Desenvolvimento pessoal e espiritualidade com Cavalos

> *Toda tentativa de viver de forma plena e criativa sofre o contínuo embate do tempo e de suas contingências que a deteriora e desvia do caminho reto. Por isso, é fundamental voltar sempre às fontes de origem para dar uma guinada e retificar o rumo.*
>
> Dorothy Ling

Jogo do Ganso de Vishnu

Sempre me interessei pelo aspecto do que poderíamos chamar de transcendente ou espiritual do caminho dos cavalos ou da relação com eles. De qualquer forma, ao longo dos anos, encontrei-me com todo o tipo de coisas a esse respeito, em um leque que vai desde o ridículo e contraditório até o interessante e com sentido. Ao encarar uma análise deste tema, assim como de outros, prefiro partir de uma abordagem simples e próxima. Refiro começar, por exemplo, buscando as razões, causas e explicações no âmbito do senso comum ou em certos fenômenos dentro do natural, ao invés de no oculto, distante ou inexplicável, ou na fé. Com isto, não estou sugerindo a inexistência daquilo que desconheço, apenas proponho para alguns casos (porque considero sua aplicação, via de regra, muito empobrecedora) a aplicação do princípio da parcimônia[17], ou seja, optar pelo mais simples, porque às vezes as coisas se apresentam complicadas.

---

[17] Conhecido como "navalha de Ockham", afirma que "dadas as mesmas condições, a explicação que costuma ser correta é a mais simples".

A espiritualidade com cavalos é um tema histórico fascinante: as diferentes abordagens das distintas culturas, suas especulações, suas metáforas e crenças. Os Celtas, os Lakota, entre os não cristãos e mais antigos encontravam nos cavalos espíritos mensageiros. Mas acredito que foram os cristãos, especificamente os Templários, que viram neles um filão para o desenvolvimento pessoal, para a temperança espiritual. Segundo Alexander Nevzorov, daí vem a escola secreta de cavalaria, que, paralelamente aos modelos populares, vai se desenvolvendo ao longo dos séculos dentro de uma linha carregada de misticismo. Aparentemente, esta Escola não se manteve dentro das crenças cristãs, pois tinha elementos da Cabala e da alquimia, e incluiu entre seus preceptores homens de cavalos de variadas crenças e status sociais ou político. [18]

Voltando ao que me ocupa e chegando a estes tempos mais modernos, encontramo-nos com um novo florescimento do tema. Não apenas do ponto de vista espiritual, mas também da psicologia ou da filosofia, surgiram algumas propostas e abordagens. [19] O que se ouve muito ultimamente é o termo "desenvolvimento pessoal".

Hoje em dia, é longa a lista de facilitadores, professores e até gurus, e inclui, como mencionei no início, uma ampla gama de atividades e fundamentações. Em meio a uma grande quantidade de charlatões vão encontrar profissionais sérios ou pessoas dedicadas, responsáveis e experientes, seja na psicologia, na espiritualidade ou no desenvolvimento pessoal, mas gostaria de apontar algumas complicações e incongruências. A primeira é a escassez deste tipo de pessoas no meio equestre, e a segunda e mais importante é a falta de conhecimento e a grande ignorância sobre cavalos destes poucos homens e mulheres e suas atividades. Esse não é um tema irrelevante, pois como essas atividades se sustentam na interação

---

[18] Aparentemente, Antoine de Pluvinel (1552), o grão-mestre da Haute Ecole, foi um de seus últimos preceptores conhecidos.

[19] E nem sequer estou me referindo a coisas como "domar a alma", que só de pensar e vê-la nos cavalos me dá muitíssima pena.

com os cavalos e nas suas qualidades, a desinformação e os conceitos errôneos eliminam a solidez[20] de todo o trabalho em si. Pela lógica simples, um verdadeiro trabalho de ensino ou afim não pode se sustentar se as premissas ou fundamentos são fantasias alucinadas de alguma mente rica e imaginativa, mentiras inventadas para tirar vantagem das pessoas, ou são simplesmente errôneas.

Do mundo dos cavalos propriamente dito, são vários os que falam desta faceta que inclui o desenvolvimento pessoal. É só assistir o documentário de Stormy May, *El Camino del caballo,* para nos inteirarmos dos mais conhecidos. Nele encontrarão Alexander Nevzorov, que, sempre pragmático e concreto, adverte: *"Também é bastante perigoso colocar o cavalo em um nível 'cósmico' (cosmológico?), como um inatingível ser estranho, incrível e invisível, bem como rebaixá-lo a uma mera peça desportiva. Preferiria dizer que uma relação próxima e nobre com qualquer ser vivo sempre lhe trará resultados incríveis."*

É verdade e isto não quer dizer que estar com os cavalos de uma certa forma não representa um desafio para o desenvolvimento interior de muitas pessoas. Em todo o caso, já relatei minha desilusão quando contemplo propostas de desenvolvimento pessoal ou espiritual que acabam por seguir as pegadas da doma índia, da doma natural ou do natural horsemanship ou o treinamento Natural, todas metodologias abusivas e, definitivamente, incoerentes com uma proposta de desenvolvimento humano e de respeito para com o cavalo. A lógica simples de Alexander se aplica a todos esses substitutos de um trabalho sério com nós mesmos ao dizer isso com uma franqueza irrefutável. Não importa o quão espiritual ou místico você seja, o cavalo irá valorizá-lo pelo que você fizer com ele. A pesquisa sobre a "psicologia profunda do cavalo", sobre os diferentes tipos de práticas "extrassensoriais" ou xamânicas não são as coisas mais importantes. Elas são

---

[20] En lógica, la solidez (en inglés soundness) es la propiedad que tienen los argumentos cuando son válidos y sus premisas son todas verdaderas. Cuando un argumento es deductivamente válido, entonces si es sólido, su conclusión será necesariamente verdadera.

atrativas e podem ser necessárias no trabalho de Escola com um cavalo, mas tudo decorre inicialmente da fisiologia e da anatomia.

Acredito, então, que a esse respeito não pode haver desculpas, por mais que o assunto seja desenvolvimento humano ou espiritualidade. A leitura da alma ou da psique humana, assim como as práticas psicológicas ou xamânicas não podem ser mais um pretexto para maltratar os cavalos. Mas vou seguir adiante, pois já expliquei isso detalhadamente em outras ocasiões.

Já que estamos neste tema, diria, colateral aos cavalos, de seu manejo, ou se quiserem, da relação com eles, vou explicar-me então nestes termos e propor a vocês uma reflexão que talvez lhes agrade ou lhes divirta fazer. Acho interessante aprofundar uma vez mais no tipo de relação que estabelecemos com nosso companheiro, o cavalo, e, mais especificamente, neste afeto declarado por nós a que chamamos de Amor. Entendo que, para quem se interessa pelo tema do desenvolvimento pessoal ou espiritual, a possibilidade de ampliar nossa compreensão e crescer em um tema como o do amor e das relações não é um objetivo menos importante.

Sim, todos amamos os cavalos, mas que tipo de amor praticamos? Digo que o estágio "espiritual" em que nos encontramos deveria nos dar uma diretriz do tipo de amor que mais se encaixa em nós e vice-versa. Na maioria das vezes em que observo as pessoas se relacionando com seus cavalos e professando um determinado amor por eles, acabo pensando nesse assunto do amor e do desenvolvimento pessoal. Acho que talvez a maioria de nós esteja, no que se refere aos cavalos, naquele primeiro estágio do amor do hinduismo, tão bem descrito por Joseph Campbell em seu livro *Reflections on the art of living*.

No hinduísmo, a religião do deus Vishnu é a do amor. Na forma como esta religião analisa o amor há cinco graus de amor, e um modelo que representa cada um desses diferentes estágios. Toda a disciplina de buscar a iluminação pode realizar-se a partir da energia desse canal.

O primeiro grau de amor, o do servo ao senhor, é um baixo grau de amor. "Oh senhor, você é o amo. Eu sou o servo. Diga-me o que devo fazer e eu o farei". Esse é o caminho da lei religiosa. Onde há muitos mandamentos: dez mandamentos, mil mandamentos, cento e dez mil mandamentos. É uma religião do medo. A pessoa não despertou para a presença divina. Ela está ali, e a pessoa está aqui. Este método é válido para pessoas que não tiveram muito tempo para se dedicar nem ao pensamento religioso nem ao amor.

O modelo que representa esse primeiro estágio é o do pequeno rei-macaco, o Hanuman, que é o servo de Rama. Não sei se há um exemplo específico desse estágio na tradição cristã, mas é desnecessário, pois a tradição cristã não é outra coisa para a maioria das pessoas: obedecer a dez mandamentos aqui, dez mandamentos ali.

O grau número dois, a relação de amigo para amigo, é o despertar do que chamaríamos de amor. Aqui se pensa em seu amigo, mais do que na situação anterior. O modelo para este segundo estágio de amor, de amigo pelo amigo, seria o dos apóstolos com Jesus, ou de qualquer pessoa que realmente ame a algo ou alguém.

Sri Ramakrishna, um maravilhoso santo hindu do século passado, certa vez perguntou a uma mulher que dizia não amar a Deus: "Não há nada no mundo que você ame?" E ela respondeu: "Eu amo meu sobrinho". "Pois bem", disse ele, "aí está Ele. Aí está seu serviço. "Onde quer que haja uma experiência de amor como ato espontâneo e não como obediência a uma ordem, saímos do estágio um e passamos para o estágio dois.

Vale a pena pensar nisso. Até que ponto do serviço espiritual esse nível alcança? Eu diria muito pouco. Mas assim é, como deve ser. A experiência religiosa é muito reduzida quando fica restrita à aplicação de leis e ordens, e o indivíduo nada mais é do que alguém que, de boa ou mávontade, faz o que mandam. Quando se torna uma relação espontânea de amor, passamos para outra categoria".

Bem, sei que nestes âmbitos costuma-se falar em se espelhar na sua relação com o cavalo, de suas ações e coisas similares, o que geralmente não faz o menor sentido para mim (que conheço cavalos e sei que isso é apenas uma fantasia e projeção). Mas aqui há um bom ponto para refletir: Qual é a minha verdadeira concepção de amor se estou esperando do cavalo obediência a mim? Minha capacidade de me tornar amável deve ser muito pequena se pretendo que o cavalo goste de mim dessa maneira. Quando me relaciono com ele por meio de ordens e regras, as quais costumo chamar de respeito ou liderança, esse é o desenvolvimento pessoal que busco para mim. Ser amado e respeitado neste estágio inferior das relações amorosas. O estágio de senhor e servo.

De qualquer forma, isso está muito bom para um determinado tipo de pessoas. Campbell diria: "esse método é válido para pessoas que não tiveram muito tempo para se dedicar nem ao pensamento religioso, nem ao amor". Mas aqui estamos falando de pessoas interessadas no espiritual ou, pelo menos, no desenvolvimento pessoal. Portanto, o abandono deste tipo de metodologias pareceria ser urgente (especialmente se são vocês que ministram os cursos sobre o tema).

Como gero na minha relação com o cavalo o segundo estágio, como me torno seu amigo, são os primeiros passos no caminho rumo a esse outro grau de amor. Esse amor espontâneo do cavalo pela minha pessoa é algo que não posso ordenar ou coagir. Não importa quantos buçais, redondeis, técnicas de liderança ou de imitação dos comportamentos dos cavalos líderes e éguas madrinhas das manadas que você tente, parafraseando Alexander, o cavalo não vai ser seu amigo. Talvez você queira vir a ser seu chefe, seu líder ou seu amo, mas isso o levará direto ao primeiro estágio em um círculo perfeito.

Quando você finalmente entender do que se trata todo esse assunto da amizade com os cavalos que abordei em tantos artigos, segundo essa pequena analogia do caminho do amor, parece que você poderia ter alcançado outra categoria em seu "desenvolvimento pessoal".

Relações e Técnicas

Técnicas

Segundo Ivan Illich, algo no século XII abriu a possibilidade da existência para o que hoje chamamos de "tecnologia". Esse "algo" é o surgimento da *causa instrumentalis* na filosofia escolástica inicial: a concepção de que certas coisas, externas ao indivíduo, podem servir de meios para atingir determinados fins. Pensamento que, a partir de Roger Bacon, leva à fantasia de que a natureza é uma mina de recursos aguardando para serem explorados com os instrumentos apropriados. [21]

Isso fica evidente na ideia que as pessoas têm da relação com os cavalos. A suposição de que existe uma Técnica, um Método ou um instrumento para alcançar a tão sonhada relação com um cavalo é uma fantasia na atual new age equestre.

Eu me vejo repetidamente na situação de ter que explicar isso para muitas pessoas, mesmo algumas que nunca sequer cogitariam pensar desta maneira em outros aspectos de suas vidas.

[21] Bacon era um teólogo e o que lhe interessava era "a restauração da posse do homem na soberania e poder que ele tinha no primeiro estágio de criação no paraíso". Para ele, "o progresso das artes e das ciências seria obter o domínio da natureza"; o homem de ciência vai ao seu encontro "com toda a sua razão, levando a natureza e todos os seus filhos para servi-lo, fazendo dela sua escrava". Ele reivindica "o direito sobre a natureza [...] que pertence ao homem por legado divino [...] e promete a libertação dos incômodos inerentes ao estado de ser do homem". Para Bacon, "as recentes invenções mecânicas (daquela época) não apenas agem suavemente sobre o curso da natureza; elas têm o poder de conquistá-la e subjugá-la, de sacudi-la em seus alicerces". Bacon propusera forçar a natureza, torturando-a experimentalmente para coagi-la a revelar seus segredos. Se seu estilo não é mais atual, seu otimismo sempre é. **Ivan Illich.**

Na vida cotidiana, a técnica, se é que existe, nunca precede a ação ou a relação. Refiro-me à técnica ou tecnologia como mecanização, como metodologia. Não que isso não possa vir a ocorrer - na verdade muitas pessoas em nossa cultura, em muitas áreas da vida, conseguem antepor as técnicas (e até conseguem naturalizá-las) tornando-se assim o que chamamos de "especialistas" ou "profissionais". Todavia, também sabemos que ser um especialista em psicologia não nos garante que estejamos psicologicamente saudáveis, tampouco ser um profissional médico nos dá saúde.

Tudo isso ou, para se dizer de outra forma, esse olhar é, de certa forma, a lente através da qual nossa civilização observa o mundo, observa a si mesma. O que estou tentando dizer é que tudo isso não existe nas expressões da bagagem cultural e do conhecimento de outras "culturas" fora da "ocidental, alfabetizada e industrializada" (sejam elas atuais ou primitivas, animais ou humanas).

Vivemos em uma cultura que tem, talvez, um excesso de confiança na tecnologia e hoje temos a tendência de olhar apenas por essa lente. Quando observamos a relação entre uma cultura "primitiva" e seu ambiente, acreditamos que podemos expressá-la no que chamamos de "técnicas de sobrevivência": na relação entre um monge e "o mistério do universo", acreditamos existir técnicas de meditação ou para alcançar a paz interior; vemos técnicas de ensino onde existe apenas a cumplicidade íntima entre o artesão e o seu aprendiz e o gesto atento, vital e prudente de ambos...

Estar à procura de um "método natural e não violento" para domar e treinar cavalos é como procurar uma técnica para seduzir e fazer uma moça se apaixonar. Portanto, não estamos falando de Amor, por assim dizer, falamos apenas de "tecnicismos". Há um provérbio melanésio para isso - eles chamam "estar sentado na baleia, pegando peixinhos."

Claro que todas essas técnicas para cavalos produzem resultado e sempre há quem espere obter um relacionamento sincero a partir desse tipo de interação. Mas é aqui que reside o problema. Considere as relações humanas: ninguém teria a pretensão de encontrar a amizade verdadeira ou o amor sincero de outra pessoa a partir de técnicas ou protocolos. E faz sentido, pois as técnicas são como atalhos aos objetivos, e por isso têm alguma utilidade. Mas em todos os casos, são apenas um meio, e não um fim. É por isso que é inútil aplicar uma técnica aos relacionamentos.

Houve até uma época (que parece estar novamente em voga) em que surgiam livros com o título "Dez técnicas para alcançar a felicidade", "Como fazer amigos" ou, mais recentemente," Coaching para enamorar ". Claro que tudo isso é divertido, cômico e útil e podemos nos divertir -em certo nível-, mas a verdadeira amizade se constrói de outra forma e não há técnica que sirva para o encontro com o outro.

Como já disse, uma relação sincera, plena, franca com outro ser não pode ser pautada por modismos, pelo utilitarismo ou pelo egoísmo. Quando isso acontece, não estamos falando desse contato íntimo de alma para alma.

A nova relação com os cavalos

Tão importante quanto o abandono das técnicas é a mudança na concepção e na atitude, o que chamo de "a mudança no olhar". Isso já foi explicado em detalhes em *"El Silencio de los Caballos"* e durante esse caminho (além da análise de quase tudo que se fala e se ensina sobre cavalos hoje), fui esclarecendo os fundamentos da Nova Relação. Quero aproveitar aqui para aprofundar apenas alguns de seus aspectos.

Disciplina

Já estando junto a um cavalo existem dois aspectos fundamentais que devem ser bem compreendidos: o respeito e a disciplina. Muito já foi falado sobre essas questões no ambiente de treinamento animal, preciso redefinir ambos os termos para que você possa me entender melhor.

Desta vez começo com o aspecto que já mencionei algumas vezes: a disciplina.

Nas palavras de Donna Condrey-Miller, representante da Nevzorov Haute Ecole na Califórnia, *"A disciplina é um aspecto importante da NHE, tanto para os seres humanos quanto para os cavalos. Embora seja verdade que a palavra disciplina possa transmitir a conotação de "punição", ou evocar a punição como uma forma de ensinar uma lição ou controlar o comportamento, essa definição não tem lugar na NHE. Mas então, quando falamos em disciplina, o que queremos dizer?*

A disciplina na NHE é o autocontrole desenvolvido por meio da motivação intrínseca para a expressão, o desejo de independência e a capacidade de "escolher dentro dos limites da responsabilidade e segurança".

Trata-se, então, da capacidade de ouvir o que o outro está dizendo. É a paciência para esperar a sua vez. É a confiança de mergulhar no processo sem esperar pelo resultado. É a aceitação do resultado e a serenidade para enxergar os erros como guias para a mudança e o aperfeiçoamento. É o incentivo à diligência paciente, como caminho para alcançar o crescimento.

Como também expliquei em *"El Silencio de los Caballos"* e em outros artigos, a compreensão [22] *(to understand)* é uma aprendizagem, neste caso, sobre as relações. Quando um cavalo e um ser humano estão criando

---

[22] "Atender suas necessidades pressupõe entendê-las, e mediante um olhar atento. "Mudar o olhar" implica, em parte, em nos colocarmos a serviço de suas necessidades, e não ele a serviço das nossas, por isso essa ideia de se colocar abaixo (understand). Toda essa aprendizagem sobre quem é o cavalo e quais são as suas reais necessidades. Por que é preciso colocar-se abaixo para compreender? Compreensão é, na verdade, uma espécie de aprendizado sobre algo ou alguém. Por que o entendimento é um tipo de aprendizado? "entender alguém é – dizia meu professor – perceber o que o outro percebe. Qual é a diferença entre as duas palavras, então? Normalmente, a aprendizagem tem um objetivo definido, aprende-se uma língua, um esporte etc., enquanto o entendimento é aprender o significado das palavras dos outros, o que significa aprender sobre suas palavras e a sobre a realidade à qual se referem. Os cavalos não têm palavras. Para entender um animal, é preciso entender a relação entre suas ações e o seu ambiente. Basicamente, compreender ou entender significa aprender sobre as relações." El Silencio de los Caballos, David Castro (2014)

uma relação, cada um tem que aprender sobre o outro, assim como ensinar
ao outro sobre si mesmo. Portanto, cada parte "entra" e "sai" do papel
de professor e aluno, participando ora da aprendizagem, ora do ensino.
Isso requer empatia e disciplina. Ninguém pode ensinar mais sobre um
determinado cavalo, isto é, sobre si mesmo, do que o próprio cavalo. E cabe
a você se fazer entender, para demonstrar ao seu cavalo que você é honesto
e acessível.

Desenvolvemos a disciplina em nós mesmos e propomos aos cavalos
que a desenvolvam também porque, com ela, ambos ganhamos liberdade.

*Todos nós temos desejos e poucos de nós estamos
dispostos a satisfazê-los à custa de sofrimento,
desconforto ou do infortúnio de outrem.
Acredito que esta é a nossa grande
responsabilidade como pessoas que conhecem
e respeitam os cavalos.
Mas há tanto ruído, tantas
justificativas, medo e interesses alheios que
ficamos confusos. Só precisamos ter a
coragem de tentar o caminho
sem garantias de liberdade,
respeito e amor.*

O cavalo e o nosso mundo

O cavalo e o nosso mundo

Os artigos que seguem foram escritos com a intenção de analisar o que chamo de "imaginário social" (uma idealização de alguns temas relacionados aos índios e seus cavalos, os cavalos e outros animais próximos ao homem etc.). Na investigação desses imaginários, acho que podemos encontrar pistas interessantes sobre nossa cultura e concepção a respeito dos animais e de nós mesmos.

Os índios e seus cavalos

Há um imaginário em torno da relação índio/cavalo. Esse imaginário é composto em parte de realidade e parte de ilusão, imaginação, presunção, romantismo.

O cinema e os romances vêm reforçando, por sua vez, essa história com distorções de realidade. Já comentei em várias ocasiões do que se tratam estas técnicas e metodologias simples e um tanto rudimentares, mas bastante eficazes em cavalos devido à sua violência racionalizada.

Neste ponto, vou aprofundar a minha análise e classificar alguns elementos em três temas: o que chamo de "a mística", as metodologias reais e as diferenças fundamentais. O tema da relação índio/cavalo pode ser compreendido a partir dos dois últimos elementos.

"A mística"

A partir de diferentes expansões pelo cinema e pelas ficções, a relação cavalo/índio sofreu um certo tipo de distorção, enriquecimento ou, se preferirem, romantização. Algo muito semelhante ocorreu com a ideia de cavaleiros medievais e seus cavalos, beduínos e seus cavalos árabes e outros "ícones" equestres assimilados pelo cinema. É compreensível, se você espera ter sucesso com um romance ou um filme, a tendência de exagerar um pouco as virtudes ou suavizar os defeitos, porque, como diz HL Mencken, *"É da natureza humana rejeitar o que é verdadeiro, mas desagradável, e abraçar o que é obviamente falso, mas reconfortante."* Assim, uma história que enfatize o positivo ou o invente será mais facilmente aceita pelo público em geral, e mais ainda por aqueles que estão diretamente envolvidos.

Devido às características violentas inerentes à atividade equestre, fantasias e romantizações tornaram-se muito comuns nesse ambiente, já que poucos são os que suportariam observar a realidade sem essa lente cor-de-rosa. Mesmo assim, moda é moda e é um elemento importante no mercado: os índios há muito deixaram o papel de "bandidos" dos filmes de cinema para se tornarem coprotagonistas com sua própria mística.

O fenômeno que hoje chamamos de doma índia ou amanse, e que na América do Norte e na Europa costuma ser denominado horse whispering [23] apresenta tanto elementos lendários quanto comerciais. De qualquer forma, o que quero mostrar é que a relação índio/cavalo tem sim aspectos que merecem nossa atenção e que devemos fazer eco. Infelizmente, não costumamos notá-los devido a essa situação fantasiosa que foi gerada e que é muito efetiva como promoção para aqueles que dizem ter incorporado ao seu método o que aprenderam com os índios.

Metodologia e Técnicas Índias

Não há dados exatos ou de primeira mão sobre os métodos utilizados pelos índios. Não há registros escritos por eles, nem por observadores. A esse respeito, encontramos apenas histórias ou anedotas sobre os resultados alcançados, principalmente aqueles que chamavam a atenção de viajantes ou cronistas da época. Mas não há anotações detalhadas ou registros sobre a metodologia adotada.

Podemos inferir, pelos diferentes relatos de viajantes ou estudiosos, que as metodologias índias de submissão foram alcançadas mais por habituaçãon [24], do que por violação.

[23] Diz-se que entre os povos Lakota havia um clã chamado Susurradores de caballos (encantadores de cavalos) dedicado a domar cavalos considerados especiais, legados de Wanka Tanta. Esses cavalos tinham o valor de troca de 30 ou 40 cavalos "comuns". No entanto, alguns afirmam que o termo horse whisperer ou encantador de Cavalos refere-se a John Solomon Rarey.

[24] Habituação como termo ou conceito é uma palavra enganosa, podendo, na maioria das vezes, estar mais próxima do transbordamento e da imposição do que da habituação.

A crença de que os índios eram mais propensos a colocar os cavalos na água e depois montá-los, as histórias da convivência nas tendas do animal escolhido pelo índio com toda a sua família, como conta o General Mansilla, e outros cronistas, sempre fizeram parte do conhecimento popular sobre índios e cavalos nessas latitudes. O próprio José Hernández, em seu livro *Martin Fierro* disse:

...com esmero o amansa

sem deixá-lo corcovear.

Para tirar suas cócegas com

cuidado, o manipula;

horas inteiras investidas,

e, por fim, só o deixa

quando abaixa as orelhas

e o potro nem dá mais coices

Jamais lhe desfere um golpe

porque trata o bagual

com uma paciência sem igual;

ao domesticá-lo, não o agride,

até que finalmente se entrega a ele

já dócil, o animal... [25]

O mesmo aconteceu na América do Norte: a falta de registros e inúmeras histórias e relatos, principalmente dos grupos pertencentes ao chamado *Horse Complex* [26] (complexo equino), como os Sioux, Lakota, Cheyene e outros índios. Em suma, não há fontes ou bases confiáveis para fazer um relato detalhado das "técnicas indígenas".

[25] *O retorno de Martín Fierro, José Hernández, capítulo X, linhas 1411-1424.*

[26] Este é o nome dado à transformação produzida nas sociedades originárias com a chegada do cavalo na América. A partir da adoção do cavalo, essas culturas transformaram suas vidas e até sua mitologia, inclusive algumas delas na América do Sul e na América do Norte, passaram do cultivo da terra à caça. O cavalo era uma parte importante de sua vida cotidiana, de sua religião, de seus rituais.

Por outro lado, atualmente podemos encontrar inúmeras pessoas que se referem às "técnicas" que os índios usavam e afirmam tê-las incluído em sua metodologia.

Sem entrar nos detalhes de perguntar como essas pessoas conheceram essas técnicas ou sobre sua veracidade, podemos, no entanto, fazer uma pequena digressão analítica sobre elas. Uma vez que nada se sabe sobre o know-how índio, nada perderíamos, embora enriqueceríamos nossa pesquisa se fosse verdade o que fazem os herdeiros modernos dos domadores índios. [27]

Vou listar aqui algumas técnicas que renomados *horsemen* e domadores alegam ter resgatado ou aprendido com os índios:

• Amarrar o cavalo: se atam suas patas, anteriores e/ou cabeça para derrubá-los e, uma vez imobilizado no chão, deitam-se em cima do animal ou realizam "provações" semelhantes.

• Trancar o cavalo em locais pequenos para manuseá-lo: prende-se o cavalo em baias, bretes, mangueiras ou pequenos cercados para imobilizá-lo, aproveitando para poder tocá-lo ou colocar um cabresto ou uma corda em volta do pescoço, o que o tornaria mais suscetível de ser controlado.

• O uso da água: Existem duas formas conhecidas: 1. O cavalo é conduzido na água até acima da barriga para então ser montado. 2. Baldes de água são jogados nele enquanto ele está trancado ou preso por uma corda. O mesmo pode ser feito molhando-o com uma mangueira.

• *Roundpenning ou Round Pen Training:* O cavalo é preso em um redondel e forçado a correr em círculos até a exaustão pelo estresse físico, psíquico ou ambos.

• Desbordamento: Pode ser feito de várias maneiras. Porém, a maioria dos itens acima já serviriam de exemplo. Ocorre quando se impõe ao cavalo um estímulo, geralmente um que lhe cause medo ou rejeição (chamado de estímulo aversivo) a ponto de ultrapassar sua capacidade de resistir e reagir a esse estímulo.

---

[27] Poderíamos, também neste caso, separar a veracidade da origem das técnicas e destacar a boa intenção e a honrosa tarefa de reivindicação indígena de alguns desses renomados domadores.

• Condução ou controle através das cabeçadas ou embocaduras ("bits") não metálicas como buçais de corda, embocaduras de corda ou de couro, a exemplo dos chamados Wican entre os Sioux, que são amarrados às partes mais sensíveis do rosto ou à mandíbula do animal com o intuito de produzir dor (de moderada a forte) possibilitando o controle através das rédeas ou cordas amarradas a esses apetrechos.

Em resumo, sem golpes fortes ou diretos, a maioria das técnicas é baseada em estímulos aversivos, reforços negativos e no uso da técnica usualmente chamada de pressão-liberação. Essa metodologia é eficaz, mas a única coisa que a diferencia da forma tradicional é o menor grau de violência física visível/perceptível.

As diferenças fundamentais

Vou direto ao ponto:

1. Entender por que a relação índio/cavalo foi, em essência, um pouco diferente daquela entre homem branco/cavalo (seja europeu ou de qualquer outro continente) é, sob muitos pontos de vista, mais importante do que conhecer as suas técnicas, já que estas, assim como todas as técnicas antigas, também estavam imbuídas da "selvageria" e do tratamento violento de cada época/ cultura, apesar do romantismo com que o cinema as revestiu. Esta análise contém um tema que envolve não apenas o cavalo e nosso interesse em dominá-lo, mas inevitavelmente nos faz compreender a visão que nossos ancestrais, os índios, tinham a respeito da natureza.

2. Se é que existiram, as técnicas e recursos violentos listados acima seriam "compreensíveis" considerando-se o contexto histórico apropriado. Atualmente, porém, tornam-se incompreensíveis e intoleráveis na busca de uma relação respeitosa. Durante o trabalho de educação de um cavalo, a participação e obediência que ele é capaz de nos dar devem ser oferecidos voluntariamente, como um presente. Apenas desta maneira poderemos chamar o relacionamento de amigável ou respeitoso sem cair em eufemismos.

O resgate à maneira dos "selvagens"

Hoje em dia, temas como a degradação do meio ambiente, o aquecimento global, a maneira como nossa civilização está esgotando os recursos naturais, e a cultura do consumismo são onipresentes. Revalidar a proximidade dos índios ao meio ambiente como exemplo da riqueza de seus conhecimentos é mais um dos débitos que temos pendente com a história e com as raízes do patrimônio indígena, mosaico cultural desta parte do continente. Talvez isso nos leve a refletir sobre nossas formas de nos relacionarmos com a natureza, com os cavalos e outros animais em geral.

Algumas orientações para entender o que há de verdadeiramente "diferente" na atitude do índio em relação ao cavalo são:

1. A identificação íntima com o universo natural/animal

Como nos diz Francesco del Giorgio, desde a Zooantropologia:

"A Biomimética é algo que sempre pertenceu ao ser humano, principalmente às nossas facetas mais arcaicas e tribais. Podemos pensar em milhares de culturas indígenas ao redor do mundo que fizeram da mímese um lugar de adoração e celebração quando se trata da natureza e da alteridade."

A maioria dos povos caçadores-coletores tinha e ainda tem rituais ou cerimônias onde os participantes encarnam o animal. Em geral, não eram representações ou dramatizações porque quando um pigmeu, durante um ritual, encarnava um elefante, ele não representava o animal, ele era o elefante.

2. O Pacto Animal

Dentro das culturas de caça, tanto as antigas quanto as que ainda permanecem vivas em alguns rincões do planeta, costuma haver uma crença particular que se repete de formas, nomes ou configurações distintas. Isso é chamado pelos estudiosos de Pacto Animal. Independentemente da veracidade que atribuímos às histórias que povoam as crenças de nossa cultura ou de outras - como os índios das pradarias, esquimós, Puelches ou outros – etnógrafos, antropólogos, estudiosos e compiladores de mitos e lendas têm encontrado sistematicamente esta história que retrata o pacto entre homens e animais. Este pacto com a natureza é um acordo de respeito mútuo que pode ser visto em várias versões antigas e modernas. Basta percorrermos as lendas e mitologias com olhar atento para encontrá-lo. A Dança com Lobos, a Lenda do Coqueiro, as histórias modernas do cinema como Pocahontas da Disney ou o Avatar de Cameron.

A essência é a mesma, mas com personagens e cenários diferentes em cada época e cultura: uma história que conta como, através de um pacto entre o homem e a natureza (representada por algum animal, planta ou ser misterioso e místico), determinada cultura encontra o seu lugar na trama do ciclo da vida, no mundo natural. O pacto é simples: a natureza permite que o homem se alimente e, em troca, o homem deve respeitá-la e permitir que ela se perpetue. Dentro das culturas caçadoras, o animal em questão se "deixará caçar" para alimentar o povo faminto que, em troca e com sua "magia" (com sua dança, no caso do lobo, por exemplo), permitirá que a espécie se perpetue. No âmbito das culturas dos povos coletores e agrícolas, o homem do milho ou o menino do coco, depois de ensinarem aos homens seus conhecimentos e rituais, devem ser desmembrados e enterrados e terra adubar, para que ela possa renascer e dar frutos em forma de palmeira, espiga, milho.

...quando nossos primeiros ancestrais contavam histórias uns com os outros sobre os animais que matavam para comer, e sobre o mundo sobrenatural para onde os animais pareciam ir quando morriam. "Lá longe", além da planície invisível da existência, estava o "senhor dos animais", que tinha o poder sobre a vida e a morte dos seres humanos: se parasse de enviar mais animais para serem novamente abatidos, os caçadores e suas famílias morreriam de fome. Foi assim que as sociedades primitivas ficaram sabendo que "a essência da vida é que se vive matando e devorando; esse é o grande mistério sobre o qual os mitos tratam. A caça tornou-se um ritual de sacrifício, e os caçadores, por sua vez, faziam atos de expiação pelos espíritos dos animais, na esperança de convencê-los a voltarem

para serem sacrificados novamente. Os animais eram considerados enviados daquele outro mundo, e Campbell arriscou "um acordo mágico e maravilhoso" entre o caçador e a presa, como se ambos participassem de um ciclo "místico e atemporal" de morte, enterro e ressurreição.

Quando esses primeiros povos evoluíram da caça para a agricultura, eles adaptaram as histórias que contavam para interpretar os mistérios da vida. Agora era a semente que ocupava o lugar como símbolo mágico do ciclo sem fim. A planta morria, era enterrada, e sua semente gerava a vida.

Campbell ficava fascinado com a maneira como esse símbolo foi adotado pelas grandes religiões do mundo como a revelação da verdade eterna: que a vida vem da morte ou, em suas palavras, "do sacrifício, da bem-aventurança". [28]

Este pacto advém do reconhecimento do outro, do respeito mútuo, do reconhecimento da alteridade como algo com os mesmos direitos que nós temos de viver, mas também da aceitação da verdade incontornável do ciclo biológico: a vida vive de vidas. Somos todos iguais para as culturas de caça, onde o animal e o homem são iguais. Um não é inferior ou superior ao outro. A vida se manifesta aqui, com esta forma, ali, com outra: o bicho que caço e eu somos a mesma essência. Então você vê a mesma atitude nas culturas agrícolas em relação à principal fonte de seu sustento. Como o animal para um caçador, o animal, que é o princípio animal desta vida, é o animal principal, então quando as plantas crescem, as plantas principais também são santificadas.

Aqui na América existem os mitos dos índios Pueblo e Huichol no México, que falam dos moedores de milho: em um desses mitos, a mãe do jovem heroi pede a uma mulher que moa o milho e, enquanto ela o tritura, seu próprio braço desaparece. E ela desaparece. Ela se mói a si mesma. Toda a nossa vida é sustentada pelo mistério da vida e tudo o que comemos, seja de origem vegetal ou animal, é a vida que nos é dada: essa vida será o nosso próprio ser, será nossa própria substância.

---

[28] Bill Moyers, no prefácio de "O poder do mito", de Joseph Campbell.

Na terra: ser ou ter

- Qual o seu nome?
- Meu nome é Kalfuqueo e tenho noventa e um anos, disse.
- E você, o que me diz?
- Digo que tenho os anos da terra, porque o Mapuche faz parte da paisagem.
A natureza e o homem são um só e ao mesmo tempo diferentes. Mas por
que perguntar o que você já sabe?
- Porque eu quero fazer uma reportagem sobre ele e muitas pessoas
poderem ler e ouvir suas palavras e nos conhecer melhor.
"Dois ouvidos e uma língua", de Nahuel Maciel [29].

O índio era e se sentia parte da natureza, desse universo de poderes naturais e, convivendo em harmonia com ela, tomou o cavalo como um presente da Terra e o recebeu como tudo o que a terra ou o céu lhe deram, compartilhando-o e respeitando-o como outras bondades e dons do universo e incluindo-o na sua cosmogonia.

O índio era um caçador, mas a visão de mundo dos povos originários era muito diferente da do caçador "civilizado" ou do homem moderno.

[29] No livro "Dos oídos y una lengua", ele entrevista Kalfuqueo em seu próprio idioma e conta: Seria bom ter uma escola que ensinasse no nosso idioma, nos nossos costumes, respeitasse os nossos pensamentos, que falasse dos nossos problemas, que contasse a nossa história. Que a escola fosse organizada pelos mapuches, em torno do nosso trabalho. Nosso trabalho não é para um só, mas para todos. Uma escola que ensine a viver como vive o mapuche e não que nos ensine a ser peões de estância ou diaristas.
- Por que você acha que é importante conhecer essa história?
- Porque nunca devemos negar a história. Parece que muitos huincas têm medo da história, não sei, mas ter medo da história é como ter medo do tempo, do ontem, do hoje, e do amanhã. Conhecer a história não é viver como antes, como o passado remoto. Conhecer a história é seguir em frente e avançar rumo ao futuro, assim me ensinaram meus ancestrais. Tenho muitos pensamentos para amanhã ou depois de amanhã, dependendo do tempo, e esses pensamentos vêm depois de hoje. Não tenho medo do tempo, nem do passado, por isso posso conhecer a história. A história é um com o outro, a história é importante porque fala do indivíduo, do seu lado bom e do seu lado ruim. E assim vão-se corrigindo os erros e não se erra mais no mesmo lugar e com a mesma coisa. Assim, cada dia é melhor do que o dia que já passou.

A atitude do índio para com suas presas, que eram para eles entidades de poder e voluntariamente aceitavam ser caçadas, exigia uma contínua disposição de respeito: não havia exploração possível, apenas um pedido de ajuda dos animais para poderem cair nas boas graças deles. Ao se deixarem capturar, poderiam sobreviver.

No início, o cavalo era uma presa. Mas diante da possibilidade de se apropriar também do seu poder, da sua velocidade, da sua força, o homem caçou não apenas por sua carne, como também por seu poder, seus dons. Ritualizou-o, bebeu seu sangue em busca dessa energia, dessa comunhão. Foi assim aprendendo o seu comportamento, a sua natureza, indo ao encontro do seu espírito, para imitar o seu poder. Ao admirá-lo e respeitá-lo, veio a conhecê-lo. Assim começou a relação cavalo/índio. A ideia não era neutralizar esse poder, mas pedi-lo, conquistá-lo, incluí-lo, merecê-lo, porque sabia que não havia outra maneira. Tudo o que o cavalo tinha e era, podia dar e ensinar, compartilhar. A conexão deles não era materialista; era espiritual. Foi essa característica que transcendeu em seu trato com o cavalo como companheiro, que produziu aquela comunhão especial e única. Essa associação com o cavalo lhe traria benefícios e comodidade. [30]

Conclusão

A mímese e o "pacto animal" sempre foram os caminhos do caçador-coletor, do homem não conquistador, não domesticado, do nômade, daquele que não quer possuir para si os tesouros da terra, dos animais ou asárvores da floresta. Muito distante disso está hoje a psique do homem moderno, seja qual for sua cultura ou ancestralidade.

---

[30] Provavelmente essa associação também marcou, em algumas culturas, o fim da cosmologia e o início das tradições relacionadas aos povos que domesticaram e/ou se apropriaram de animais.

O simples fato de havermos perdido o "lado selvagem" nos expulsa automaticamente do "Éden", da eternidade, do eterno presente do animal, do lobotomizado ou do idiota. Estamos longe dos dias em que nossos irmãos originários, nossos ancestrais, os primitivos, possuíam o segredo da linguagem das tribos animais.

Pessoalmente, iniciei a prática equestre com a doma índia (da Argentina). Com o tempo, percebi que era o que estava procurando ou, para dizer de forma inequívoca, o que eu esperava encontrar. Meu conhecimento da perspectiva do homem primitivo, tingido pelo romantismo com que, por vezes, tende a envolver nossos anseios ou procuras pessoais, dificultava meu acesso direto à experiência. As justificativas não me ajudavam mais. Tive que encarar a realidade: o cavalo não tinha em sua aura, em sua essência, o destino de um binômio mágico (de um centauro) e muito menos de servidão. A doma índia era apenas mais uma forma de dominação.

Nossos conterrâneos, os índios, poderiam ter requerido, na sua selvageria- em seu estado "selvagem" e, por isso, mais próximo do "natural" -, esse direito de controlar o cavalo para si mesmo, já que tinham certos "tabus" e eram "obrigados" a tratar o cavalo como a um igual, como expliquei anteriormente.

Lenta, mas obstinadamente, passei a ter a certeza de que este estado de ligação, de inocência - tal como o da nossa infância - não podia ser revivido do passado, da lenda ou do mito, mas tinha de ser realcançado através de novos caminhos, uma vez que as velhas pontes já haviam sido destruídas pelo tempo e pela cultura.

Parece-me importante dizer que nós, se o quisermos, temos a perspectiva necessária para esta análise e mudança tão vital, não só em relação aos cavalos, mas também em relação à natureza, ao mistério da vida e do tempo. Inspirado nas palavras do Mapuche Kalfuqueo sobre a história e a possibilidade de evoluir a partir dela [31], tento, a partir do estudo do

[31] Ver nota 29

nosso património cultural, resgatar valores que nos possam ajudar a reparar o passado, transformando-o num futuro melhor.

Se respeitamos os cavalos, é só nos darmos conta de que não podemos controlar esse dom que não pode ser tirado deles, que tem de nos ser entregue, que devemos nos preparar e nos capacitar para recebê-lo e não para coagi-lo, e entender, como no conto da galinha dos ovos de ouro, que ao forçá-lo, nós o perdemos.

É normal que algumas pessoas pensem que todos os animais que classificamos como "de estimação" ou "pets" sejam semelhantes entre si. Isso pode dever-se ao fato de que, todos eles, pertencendo ao grupo denominado de "nossos animais de estimação ou de companhia", em geral, não haja uma grande discriminação quanto à condição natural de vida dessas espécies. Elas são apenas vistas e definidas conforme o papel que desempenham junto do ser humano. No livro *El Silencio de los Caballos* expliquei o que é a domesticação e tratei do assunto em relação aos animais em geral e sua definição no que tange ao cavalo. O artigo a seguir aprofunda a importância de nossa compreensão dessas questões quando somos estudiosos, amantes dos animais ou profissionais que opinam sobre animais de estimação, etologia ou adestramento.

O sorriso do cavalo

Carta aberta aos veterinários, cavaleiros, protetores e outros profissionais animais humanos que trabalham para o bem-estar de outros animais não humanos.

Não gostamos de considerar como nossos iguais os animais que fizemos nossos escravos.
Charles Darwin

O melhor amigo do cão

Há algum tempo tratei de explicar em um artigo que as tarefas que normalmente pedimos e esperamos de nossos cães (caçar, pastorear, proteger sua casa ou território, farejar objetos ou pessoas, atacar etc.) têm origem sobretudo nos seus comportamentos naturais; por outro lado, o que normalmente ordenamos e esperamos dos equinos (transportar pessoas e/ou coisas no seu lombo, tracionar objetos e cargas ou arrastá-las, viver confinados em baias, etc. é bastante estranho – embora não impossível - à sua natureza.

Podemos denominar essas diferenças de "função" ou "papel". Somado a isso, devemos considerar que o cão é, por assim dizer, um desenho humano: pela sua maleabilidade genética [32] e pela forte intervenção

[32] Então, como se explicaria o rápido surgimento de diferentes tipos de cães nos últimos 200 anos, um piscar de olhos para a evolução? Um grupo de cientistas da UT Southwestern comparou uma grande variedade de dados genéticos de diferentes raças de cães com dados sobre as formas dos crânios de cães usando programas de computador desenvolvidos pelo biólogo evolutivo Dr. John Trey Fondón ofereceu uma explicação curiosa de como os humanos foram capazes de transformar (as raças dos) cães facilmente. A equipe do Dr. Fondón coletou amostras de sangue de mais de 90 raças de cães e sequenciou seu DNA no intuito de descobrir quais mutações, ou mudanças, no DNA são responsáveis por dar às raças de cães aparências tão diferentes umas das outras. Os pesquisadores notaram algo fascinante: existem combinações específicas nas longas cadeias do código de DNA do cão que são propensas a mutações – as chamadas sequências de repetição em tandem. Essas repetições em tandem são como uma única palavra repetida várias vezes em uma frase, por exemplo, ACACACACAC. Os cientistas identificaram o que acreditam ser o mecanismo de mutação genética responsável pelas rápidas mudanças evolutivas no cachorro.
(...) Os pesquisadores concluíram que as mutações que ocorrem nessas repetições em tandem explicam por que temos sido capazes de alterar geneticamente os cães de uma geração para outra com tanta facilidade. (...) todos os seres vivos apresentam repetições em tandem em seus genes, porém no cachorro a frequência é maior. Essa alta proporção de repetições em tandem nos cães é resultado dos esforços de reprodução seletiva (do homem) ou já existia antes da domesticação? Para responder a essa pergunta, os cientistas ampliaram seu estudo para outros canídeos ou mamíferos membros da família canidae, que inclui cães, lobos, raposas e coiotes. O que eles descobriram foi que os lobos também possuem essa característica, assim como coiotes, raposas vermelhas e raposas cinzentas. Mas enquanto um passo evolutivo é analisado, a sequência de um urso, um gambá ou um guaxinim se foi (??). A ausência de sequências em tandem nesses outros mamíferos pode explicar por que podemos mudar um pouco a aparência de uma vaca, mas ela basicamente sempre se parecerá com uma vaca. Uma vaca não desenvolve pernas curtas e grossas ou uma cauda encaracolada." Centro Médico Southwestern da Universidade do Texas em Dallas. "Pesquisas apontam para uma nova teoria que impulsiona mudanças evolutivas." ScienceDaily 24 de dezembro de 2004. 17 de dezembro de 2008 http:// www.sciencedaily.com/releases/2004/12/041219192823.htm

que o ser humano vem fazendo nos canídeos desde tempos imemoriais, conseguimos nos cães uma grande adaptação aos diferentes usos e funções que a criação deste animal oferece. Isso acabou beneficiando os interesses de ambas as espécies (homo e canis), algo que não foi possível alcançar com cavalos. Ainda assim, apesar da seleção e intervenção humana milenar na família *equidae*, não foi possível "criar" um cavalo ao qual o confinamento permanente numa baia ou o peso do cavaleiro não causasse algum tipo de dano.

Por isso, devemos entender e estar bastante atentos aos processos de domesticação de ambos e à realidade dos fatos decorrentes deste processo. Há semelhanças entre os cães e os cavalos: ambos são mamíferos, gregários, brincam ao longo de toda a vida, vivem "ao lado" do homem há milénios e vêm sofrendo uma significativa intervenção humana em sua genética, embora obviamente com resultados diferentes.

Então, qual é a grande distinção quando me refiro às "diferenças" entre os cães e os cavalos?

O imaginário social

Aqui repousam os restos de uma criatura que foi bela sem vaidade, forte sem insolência, corajosa sem ferocidade e teve todas as virtudes do homem e nenhum de seus defeitos. Este louvor seria insignificante sobre as cinzas humanas. Lord Byron

Quero discutir brevemente o que pensamos sobre os cães e os cavalos e o que realmente sabemos sobre essas espécies.

Este é um trecho da entrevista no programa de rádio "Mañana tarde noche" com a veterinária e homeopata Anahí Zlotnik, especialista em massagens e comunicação com cavalos:

Jornalista da MTN: Anahí, qual é a semelhança entre um cavalo e um cachorro em termos de comportamento? Porque sabemos que os cavalos são bons companheiros (amigáveis), têm uma certa paciência, têm boas

Veterinária Anahí Zlotnik: Os cachorros e os cavalos - como muitos dizem, e acho que houve um santo que também disse: "são pessoas não humanas"- têm personalidade. Acho que é a companhia de um cachorro, a companhia de um cavalo... a lealdade de um cachorro, a lealdade de um cavalo. Em algumas características eles se parecem, e muito. Mas em outras não: o cão é um predador, o cavalo é uma presa. O cachorro é muito alegre, sempre abana o rabo se está feliz, vem te saudar; O cavalo é um animal mais introvertido, mais voltado para dentro, mais sério.

Há, então, um consenso popular, ou talvez até um sentimento coletivo em relação aos cães e aos cavalos. Além, é claro, de opiniões mais especializadas de veterinários e behavioristas. Mas tenho a sensação de que em ambos os casos há algo que lhes escapa aos olhos sobre suas semelhanças e diferenças. Parece-me que há uma dificuldade em abstraí-la da grande afeição que as pessoas têm por ambas as espécies desde tempos imemoriais, como se pode constatar nas reflexões trazidas pela veterinária Zlotnik. Uma semelhança entre eles, no que diz respeito à cultura humana, é que, onde tanto os cães quanto os cavalos estiveram presentes, eles diferiram muito de outros animais domésticos em termos de valorização, "utilidade" e participação de ambas as espécies na história da humanidade. Pensando na "grande contribuição da espécie equina" para a cultura humana, não podemos deixá-los atrás dos cachorros. Mas, observando atentamente as diferenças entre eles, podemos notar que a "contribuição fornecida" por ambas as espécies às nossas tarefas domésticas significou para cada uma deles algo completamente diferente.

Alguns fatos, talvez não estejam sendo levados em conta, no que se refere aos cães

Dr. Adam Miklosi, da Universidade de Eötovos Lorand, na Hungria, propõe que os cães evoluíram conosco e, em alguma medida, nós com eles. Eles evoluíram (ou melhor, foram sendo selecionados por nós, através da eugenia [33] para satisfazer nossas necessidades laborais, emocionais, econômicas e até mesmo de nossos parâmetros estéticos. Essa evolução foi marcante no cão, diferenciando-o muito, por exemplo, do lobo em vários aspectos. Como um dos aspectos mais relevantes a destacar, podemos dizer que, aparentemente, os cães seriam geneticamente selecionados para integrar uma matilha junto aos humanos com maior capacidade de imitação, comunicação sonora, dependência e compreensão de gestos do que os lobos, com quem costumam ser frequentemente comparados. Mas a realidade é que não acrescentamos nada de original em relação aos outros canídeos, pois continuam mantendo suas características essenciais e são elas que, ao contrário do cavalo, fazem sua vida como "animal de estimação" ou "parceiro de trabalho" mais fácil.

Dando continuidade, para demarcar a minha análise, trarei uma sequência de itens a serem levados em consideração, juntamente com um quadro comparativo:

• O cachorro (canis lupus familiaris) evoluiu graças a exaustivos processos de seleção genética e a uma capacidade de mutação que parece ser exclusiva dos canídeos, como já foi esclarecido.

• Essa evolução resultou numa espécie adaptada às nossas necessidades de trabalho, companhia e comunicação.

• O básico para essa adaptação já estava na natureza do cão.

• O modo de vida dos cães é sociável como nos equinos, porém diferente, na medida em que nos cães está presente, entre outras coisas, a hierarquia, a territorialidade e o sedentarismo (vivem em cavernas, tocas, casas ou canis).

• Os trabalhos que atribuímos a essas duas espécies diferem entre si e na forma como eles impactam suas capacidades psicológicas naturais. Por exemplo, confiamos aos cães tarefas semelhantes às que os canídeos realizam na natureza ou habilidades sociais mais complexas do que a simples domesticação.

[33] Aplicação das leis biológicas, da hereditariedade à manipulação de certas características em uma espécie animal (ou humana).

Tabela de correlação entre as atividades e as habilidades dos canídeos

Atividades	Tarefas/habilidades da vida doméstica
Caça e perseguição.	Pastoreio, condução, rastreamento.
Territorialidade, ataque e defesa.	Guarda, luta, vigilância.
Sociabilidade, dependência da matilha.	Companhia, conforto, fidelidade, afeto.
Comportamento lúdico na idade adulta, laços estreitos entre os indivíduos.	Grandes possibilidades de treinamento, obediência e adaptação.
Inteligência, sentidos desenvolvidos, aprendizagem por imitação, várias possibilidades de vocalização.	Fácil comunicação vocal e gestual, entendimento mútuo sem treinamento prévio.

Não estou dizendo que algumas dessas habilidades (basicamente as tarefas são diferentes em "sua natureza") não existam entre os equinos, mas o grau de desenvolvimento é diferente e só nos últimos anos dedicamos um olhar sério para as "habilidades equinas". De qualquer maneira, a situação comparativa mais comum entre a vida selvagem e a vida doméstica dos cavalos seria esta:

Tabela de correlação entre as habilidades e as atividades dos cavalos

Vida Silvestre	Domesticação/cativeiro
Contato contínuo e interação com outros de sua espécie.	Pouco contato, isolamento, solidão, confinamento.
Hierarquias moderadas por dinâmicas de grupo e amplitude de espaço e recursos.	Submissão absoluta aos humanos. Escassez de recursos, o que produz competição não natural com outros cavalos.
Dieta variada, alimentos ad libitum durante todas as horas necessárias (entredezesseis e dezenove horas por dia).	Alimentação restrita ou descontínua e deficiente.
Ação momentânea de acasalar-se com fins reprodutivos ou lúdicos apenas por alguns minutos ou segundos. O acasalamento direto não existe: sempre requer acordo entre os indivíduos.	Tracionar objetos e/ou transportar pessoas no lombo por longos períodos, horas, até dias (o que é prejudicial, doloroso e incômodo em quase todos os casos).
Vida em espaços abertos e movimento contínuo.	Vida sedentária e em espaços muito pequenos.
Total disponibilidade e controle do seu corpo.	Controle do seu corpo pelo humano, sendo forçado ou induzido pela dor.
Comportamento lúdico na idade adulta.	Repressão, má interpretação.
Laços estreitos entre os indivíduos.	Contínuas separações e movimentos de cavalos de um lugar para outro e, com sorte, de um grupo para outro.
Inteligência, sensibilidade.	Exposição à violência física ou psicológica. Tratamento injusto e desrespeitoso.
Sentidos desenvolvidos, aprendizagem por imitação, várias possibilidades de vocalização.	Dessensibilização. Desamparo aprendido. confinamento solitário

Resumindo, o que esperamos do cachorro já estava em sua natureza. O que não estava, nós criamos e por isso é quase impossível causar-lhe algum dano durante a domesticação (dome=domo= casa). Com relação à violência acometida aos cães por parte dos humanos, para entender sua atitude "submissa", atrevo-me a apontar os seguintes motivos:

1. As formas "agressivas" dos canídeos para resolver as diferenças entre eles, embora isso também possa ser um mito da etologia que por muitos anos concebeu os lobos e outros canídeos como seres agressivos e ferozes.

2. O fato de formarem uma manada (família) junto com outras espécies e por isso os humanos são sua família. Um exemplo seria uma criança que sempre perdoará seus pais (até certo ponto) por mais golpes que receba.

3. A forte e necessária estrutura hierárquica, a submissão e a agressão, e as condutas inibitórias a ela associadas (também gostaria de deixar aqui em aberto a possibilidade de que novas pesquisas nos levem a outras conclusões).

4. Tanto nós quanto os cachorros somos predadores.

A nobreza do cavalo e a fidelidade do cão: entre o antropomorfismo e a poesia

A Inglaterra é o paraíso para as mulheres, o purgatório para os homens e o inferno para os cavalos. John Florio (1553-1625), humanista inglês.

A partir do que conhecemos sobre os cavalos e sobre as consequências que o processo de doma dos equinos implicou ou implica até agora para colocá-los a serviço do homem [34], creio não precisar mencionar que nossa relação com cavalos está longe de poder ser considerada simbiótica. A ideia

[34] Tópico explicado em detalhes no livro *"El Silencio de los Caballos"*.

do homem junto ao seu cão fiel e seu nobre cavalo é muito tentadora, mas sabemos o quanto esse imaginário social custou ao cavalo. O cachorro pode ter sido "o melhor amigo do homem", mas o cavalo foi seu melhor escravo. Essa afirmação deve ficar clara para nós, pois está comprovada além de nossas fantasias românticas: **nada do que exigimos do cavalo é adequado à sua natureza ou relacionado às suas necessidades.**

"A grandeza de uma nação e seu progresso moral podem ser julgados pela forma como seus animais são tratados." Mahatma Gandhi

Por fim, embora a comparação entre o cão e o cavalo tenha servido para que se compreenda um pouco mais a natureza e a domesticação/confinamento deste último, o cão, como tantas outras espécies, não está em

uma posição tão confortável quanto a maioria das pessoas acredita [35]. É
por isso que sinto que a comparação entre caninos e equinos deve ser feita
com certo cuidado por aqueles que apreciam semelhanças e gostam de
fazer comparações. A poesia e a metáfora são formas valiosas de expressão.
Mas os animais precisam urgentemente que compreendamos, o mais breve
possível, a sua real situação. Inspiremos, então, os outros, sensibilizando-
os com poesia, inspirando-lhes empatia, simpatia e compaixão. Mas se
trabalhamos com os animais, a favor deles, de seu bem-estar, é nossa
responsabilidade estudá-los e entendê-los - ou, pelo menos, reconhecermos
nossa ignorância sobre alguns assuntos-, já que a situação geral das espécies
que convivem conosco já não suporta tanto diletantismo.

(35) Mais informações podem ser encontradas na bibliografia ao final do livro.

Para aprendermos a nos levantar

Há algum tempo tive uma conversa interessante com um casal de estudiosos que amam os animais. A conversa abordou vários assuntos como trauma, sofrimento, danos e capacidade de adaptação e sobrevivência. O foco eram os mamíferos sociais como o cão e o cavalo e, claro, os humanos; falamos sobre as diferenças entre as três espécies e as capacidades de cada indivíduo para enfrentar as situações mencionadas.

O meu ponto foi novamente o mesmo de tantas conversas com pessoas que trabalham com animais: digo a eles que não existem tantas diferenças psicológicas fundamentais entre os cães e os cavalos como se acredita. É verdade que uns se alimentam de carne e outros de capim e que essa é uma diferença essencial, mas o que me refiro vai mais além: o que estou dizendo é que todos sofrem (sofremos) danos. Todos sentem dor, valorizam carinho, respeito e o bom trato - tal como acontece com os seres humanos. Resta apenas compreender cada uma destas palavras em relação a cada uma dessas espécies e indivíduos.

Novamente me encontro com o "mecanismo social necessário" para negar a nossa própria "empatia para conosco próprios", artifício que tenta justificar o que nos fizeram e o que vivemos, em uma sociedade indiferente aos danos por ela infligidos sobre seus membros, especialmente os mais fracos. É evidente que uma sociedade baseada no princípio da dominação requer certa força de seus membros, seja no papel de dominante como no de dominado. Por que é tão difícil não nos vermos presos nesse mecanismo?

Vários autores e estudiosos como Casilda Rodrigáñez e *James Prescott* explicam o que, nas palavras da escritora Laura Gutman, seria:

A privação do prazer físico sensorial durante a primeira infância é a principal causa de violência social. A violência em grande escala só acontece em culturas e comunidades nas quais somos repressivos em relação às crianças e, claro, onde também há repressão da vida sexual em geral. Infelizmente, tenho a sensação de que ainda não estamos preparados para enfrentar a sistematização do abuso porque teríamos que questionar todo o sistema, com a lógica que o sustenta, para perceber o autoritarismo, os maus tratos e a dominação do mais forte sobre o mais fraco. Essa organização foi estruturada pelo patriarcado, com o objetivo de dominar e acumular bens. As guerras são um componente fundamental deste sistema que é compulsoriamente fratricida, isto é, que precisa que nós irmãos nos matemos uns aos outros para angariar território, lucro ou poder. Para isso, precisamos criar guerreiros, ou seja, seres insensíveis que sejam capazes de matar. Isso é algo muito fácil de se conseguir: simplesmente negando aos bebês e crianças pequenas o acesso ao corpo da mãe e o prazer que o contato traz. Se a criança sofrer o suficiente, logo será capaz de reagir com raiva para ferir e dominar os outros. De Laura Gutmann, "La privación del placer y la violencia."

Percebo que há uma confusão entre resiliência e super adaptação ou a negação do sofrimento, que continuamente serve de justificativa para atitudes injustas, arrogantes, insensíveis ou "antipáticas". Todo e qualquer gesto de simpatia é considerado fraqueza ou sentimentalismo em uma sociedade que acredita que a super adaptação aos golpes ou injustiças, ao abandono ou à indiferença é o mesmo que resiliência ou até mesmo a sua causa.

Podemos fugir de uma agressão externa, filtrá-la ou detê-la, mas nos casos em que o contexto é estruturado por um discurso ou por uma instituição que torna a agressão algo contínuo e permanente, nos vemos obrigados a recorrer a mecanismos de defesa, quais sejam: a negação, a ocultação ou a ansiedade agressiva. É o sujeito mentalmente saudável aquele que expressa um mal-estar cuja origem está ao seu redor, no contexto em que se encontra, na sua família ou na sociedade doente. A cura para o seu sofrimento, a retomada de sua evolução psíquica, a resiliência, a capacidade de suportar um ataque e restabelecer o desenvolvimento em circunstâncias adversas deve ser buscada, nesse caso, por meio do cuidado com o meio ambiente, com a família; da luta contra os preconceitos. Também por uma agitação das rotinas culturais, com suas crenças insidiosas pelas quais, sem perceber, justificamos nossas interpretações e motivamos nossas reações. Boris Cyrulnik

O conceito de resiliência não se restringe a "superar" o dano a partir da sua negação ou sua menos valia. Trata-se da compreensão e contenção afetiva do entorno, meio ou contexto. O mecanismo social se repete em alegações tais como *"não importa"*, *"não é nada"*, *"é isso mesmo"*, *"deixa, ele tem que aprender que a vida não é fácil"*, ou *"poderia ser pior"*.

A famosa frase "levante-se, isso não é nada" é a mais sutil das que ouvimos desde crianças e resume a diretiva para negarmos nossos sentimentos como sujeitos saudáveis. No entanto, me parece muito mais assertiva a frase de um filme em que o pai diz ao filho enquanto estende a mão: "Por que caímos, Bruce? Para aprendermos a (nos) levantar."

Lembram-se dessa frase de Nevzorov?

Uma simples análise como "quando faço o que faço, o que ele sente?", é o caminho mais curto para se chegar ao coração dos cavalos e para alcançar uma eficácia fantástica no seu treinamento. Mas a resposta para a pergunta: "o que ele sente?", deve ser sincera. E de uma honestidade extrema. E é justamente da honestidade dessa resposta que os amantes de cavalos e atletas fogem como se fosse uma praga. Alexander Nevzorov.

A verdade é que acredito que a razão pela qual a maioria das pessoas não é capaz de fazer essa "simples análise" é que perdemos essa habilidade desde a infância por diferentes razões. Quando faço o que faço, o que ele sente? Esse "ele" pode ser outra pessoa ou nós mesmos, mas, em qualquer caso, nós perdemos a capacidade de nos conectar de forma empática, com nosso lado sensível ou com os demais. Aos que ainda se sentem incomodados e não se deixam convencer pelas desculpas de especialistas em doma, massagem, comunicação com cavalos, etologia, coaching, adestramento ou outras disciplinas destinadas a usar o cavalo ou a tentar dobrar, manipular ou quebrar a vontade dele para obterem a sua obediência e a sua imprescindível participação na atividade pretendida, um conselho:

- Não ignorem seus instintos, pois é com essa sensibilidade que mais tarde vocês poderão "ouvir" os cavalos.

Terapias, ensinamentos e "coaching" com cavalos

(...) Quanto ao desconforto psíquico individual, ao invés de tratá-lo como consequência óbvia de pertencer a uma sociedade que nos impede de viver de acordo com nossos desejos, e na qual a sobrevivência só é possível em estado de repressão, somos convencidos de este desconforto se deve à nossa dificuldade de adaptação social, à nossa incapacidade de gerir nossas próprias emoções e ao fato de "não termos feito o nosso dever de casa": a ordem social é maravilhosa, nós é que estamos errados. E então nos são oferecidas "terapias" para remediar o nosso mal-estar individual, baseadas na manipulação das emoções (alfabetização emocional, crescimento pessoal, etc.); um behaviorismo emocional disfarçado de "inteligência emocional" e outros eufemismos; Terapias que eu vejo mais como aulas particulares que são aplicadas em complemento às oficiais, destinadas a cumprir a ordem interna repressiva, ou seja, organizar a resignação, e aprender a navegar no mundo em estado de repressão. É assim que se conjuram emoções como a raiva e a indignação que nos levariam a resistir e continuar na busca de uma sobrevida. (...)

La represión del deseo materno y la génesis del estado de sumisión inconsciente, Casilda Rodrigáñez Bustos

Nascidos na sombra do esporte equestre, esses novos produtos do mercado equino nada mais são do que "mais do mesmo". O engenhoso rearranjo dos "materiais", "recursos" e "alternativas" estão fomentando uma nova demanda por cavalos e expandindo seu mercado, passando a incluir também pessoas com outros interesses, incapacidades

para montar a cavalo ou que precisam de ajuda psicológica, empresas que
procuram treinamentos modernos, etc

Assim, pessoas muito bem-intencionadas acolhem esta proposta
alternativa e aparentemente mais respeitosa em relação aos cavalos,
ingressando nas fileiras dos profissionais de treinamento e coaching ou
aos usuários-clientes e consumidores-pacientes. Não é necessário ter
conhecimento prévio nem saber por que não se deve andar a cavalo
ou conhecer realmente a sua psique. Basta saber que em alguns destes
espaços não se permite montar a cavalo, embora amanhã possamos galopar
durante horas na praia mais próxima em um cavalo alugado.

Há muito tempo que estudo os cavalos, a sua situação atual e a forma
como nos relacionamos com eles e é a partir disso que me pergunto o que
mais está por detrás desta situação.

O cavalo e seu papel como catalisador social

Não há animal em toda a história do homem comparável ao cavalo.
Sua relação com o homem é de uma complexidade sem precedentes. Eu
poderia dizer que é a mais complexa e estranha das relações homem-animal
que já existiu e por isso é tão carregada de significado e simbologia.

A princípio gostaria de afirmar que a ideia de continuar exigindo o esforço
do cavalo para nosso uso ou para nosso benefício é algo que não me
parece justo. Estando tão imerso no mundo dos cavalos, considero errônea
a percepção de que os animais e toda a natureza teriam sido criados para
o nosso uso. Tampouco entendo que essa visão servil da natureza e de
seus seres vivos seja algo valioso ou compatível com a amizade ou com a
convivência livre e respeitosa entre homens e cavalos.

Ao questionar o tratamento em geralmente deferido aos cavalos, me
vejo diante de um mecanismo social que oculta a realidade com uma
ilusão e/ou a legitima como algo ética e historicamente justificado. Muitos
ficam ofendidos ou horrorizados com a dureza de minha percepção sobre
o tratamento que dispensamos a esse animal que sempre foi amado e

admirado, "fiel companheiro", partícipe na construção da história humana; "trabalhador" incansável no desenvolvimento e expansão da pegada do homem; burro de carga, "máquina" de guerra, escravo da roda d'água, "motor" de transporte, alimento, símbolo de status e poder, "nobre bruto", corpo ressignificado, espancado, dominado, admirado, escravizado e mercantilizado.

De acordo com as últimas tendências do mercado, os novos tempos aparentemente exigem outro tipo de empresário, chefe ou executivo; e as novas empresas, uma nova imagem. Os profissionais de marketing se apressam para criar produtos para esses novos nichos de mercado. Há muito tempo se buscam "soluções", desde pintar paredes de fábricas de verde até falar de sustentabilidade na agenda dos governos, e a imagem das empresas e de seus representantes vem acompanhando essa tendência. Os cursos para executivos com cavalos estão no auge.

Neste artigo, quero começar a listar e focar nas ideias subjacentes às atividades alternativas que foram propostas como formas mais suaves de usar cavalos. Especialmente aquelas que promovem a sua entrada no mundo das terapias e/ou tecnologias de ensino. Então, vou discutir brevemente algumas das promessas dessas terapias e cursos de aprendizagem pessoal com cavalos.

Liderança, trabalho em grupo e cooperação

A maioria dos cursos e atividades propõe o aprendizado ou desenvolvimento dos conceitos aqui mencionados através de diferentes exercícios que implicariam a participação (voluntária ou involuntária) do cavalo.

A Liderança

Eu entendo que os etólogos afirmam que uma manada de cavalos não tem um líder pois as relações entre eles mudam o tempo todo. Na realidade os cavalos formam grupos com base na afinidade e nos laços sociais de amizade. A existência de um "líder" entre os cavalos não passa de um mito e, portanto, os seres humanos não deveriam nem poderiam ser seus líderes. O termo liderança é mencionado há bastante tempo no mundo equestre, mas parece ser outra projeção.

Há muito tempo me pergunto o que é ser um líder e o que é guiar os outros. Vejo que o significado dado a essa palavra no mundo empresarial não condiz com a realidade que conheço, muito embora tenha tudo a ver com o que se espera de um diretor, chefe ou empresário.

Quero trazer-lhes este contraponto, pois o tema da Orientação e Liderança, está ("in" ou) "na moda" no mundo dos cavalos e particularmente no campo do *coaching*, das domas "sem violência" e outras propostas semelhantes que povoam os jardins desta pós-modernidade.

Orientar e manipular

Frequentemente é difícil perceber a diferença entre orientar e manipular na vida cotidiana. Podemos acreditar que estamos orientando os outros quando na verdade os estamos manipulando, e por isso é importante conhecer a real diferença entre os dois.

A diferença básica é que quando se trata de manipulação, sabemos quem estamos manipulando e qual o objetivo da manipulação, ao passo que quando orientamos não sabemos a quem estamos orientando ou o que buscamos ao orientar. A manipulação é baseada no que desejamos; orientar, por outro lado, é um ato involuntário. Podemos manipular os outros se nossos interesses e os deles coincidirem. Um chefe pode manipular seus empregados para que trabalhem mais, porque todos vão querer trabalhar mais se acharem que isso trará maior lucro para ambos os lados.

Porém, é impossível manipular nossa família da mesma forma porque os interesses de cada pessoa são diferentes; então nós percebemos que precisamos orientar e não manipular. O que significa orientar? A maioria pensa que orientar significa conseguir fazer os outros agirem conforme o que é melhor para eles mesmos, mas é impossível saber o que efetivamente eles devem fazer. Quando inconscientemente esperamos que os outros façam ou sejam o que nós queremos, isso inevitavelmente se transforma em manipulação. Do livro El viaje interno de un extraño, de Kenjiro Yoshigasaki,1999.

Pelo que sei e tenho estudado sobre os cavalos, entendo que o ápice do conceito de liderança nas empresas privadas e a sua notável transposição e antropomorfização para o mundo dos cavalos é, sobretudo, uma contaminação de linguagem, tanto no mundo empresarial como no mundo equino. Como disse antes, uma nova proposta no mercado dos cursos new age.

As coisas, as atitudes, os objetivos dos homens que pertencem a uma sociedade econômica são divididos em valiosos e não valiosos. Mas como determinar o que é valioso? Através da quantificação. Praticamente tudo começa a ser quantificado: o padrão de vida, os anos de vida, o bem-estar, a saúde... Quase tudo se torna um valor que se ganha ou se perde mas que sempre encontra seu equivalente no mercado. Ivan Illich

Mas voltemos à análise de uma das ferramentas do novo paradigma das atividades assistidas por cavalos: o cavalo e suas virtudes. O que ele nos ensina desde a sua natureza, sua grande sensibilidade e inteligência, seu destino de "meio de transporte". A miragem no espelho...

Os cavalos como espelhos

Espelhamos nossa atitude empreendedora para recolher esse reflexo no cavalo e levá-lo para o campo do "desenvolvimento pessoal". Mas o que fazemos é criar uma miragem sobre liderança que parece nada mais ser do que manipulação dos outros e sua submissão aos objetivos e necessidades pessoais ou da empresa a qual representamos. Nossa medida e possibilidade de sucesso é sempre garantida pela sujeição ao Sistema.

O mundo dos negócios pode espelhar-se no mundo do desporto e da competição desde o ponto de vista do esforço em equipe para alcançar o "sucesso" e a "glória", mas a questão é: o que tudo isto tem a ver com os cavalos e a sua natureza? Pensamos no sucesso e na glória associados a "empresa" quando decidimos estar próximos à Mãe Natureza e seus seres para nos enriquecer deste encontro, conexão ou "troca"?

Esperem um momento. Quais são as chaves do sucesso que até hoje realmente ensinamos em nossa sociedade? Profissionalismo, obediência e criatividade a serviço do sistema de poder vigente; um lugar próprio na cadeia de produção, consumo e comando; competitividade, agressividade, entre outras. As conquistas no nível econômico e suas lutas refletem parte do que ocorre em outros níveis da "sociedade baseada no princípio da dominação". [36]

[36] *Como disse em El Silencio de los Caballos: Riane Eisler, em seu livro El cáliz y la espada, define dois modelos básicos de sociedade: o dominante, no qual impera a hierarquia de uma parte da população sobre a outra; e o solidário, no qual a diversidade não é interpretada como superioridade ou inferioridade de condições.*
"Podemos ter a sensação de que o ódio, o confronto e a competição surgem constantemente no contexto humano. No entanto, eles não são intrínsecos ao ser humano. A dominação e a luta para obter benefícios próprios em detrimento dos demais reúnem um conjunto de emoções divergentes. É uma modalidade adotada, possível, mas que não necessariamente faz parte do que é humano" (Laura Gutman, 2012). Estudos de diferentes fontes concluem que quando as comunidades são organizadas com base na luta e na agressividade, há muitas desvantagens para todos os indivíduos. Quando isso acontece, segundo Gutman, nós, seres humanos adoecemos, fragmentamo-nos e dividimo-nos cada vez mais, a ponto de acabarmos feridos em todas as áreas. Esta desvantagem relacionada à agressividade e à dominância é um fenômeno observado por estudiosos de outros grupos animais.
"Quando éramos crianças, nos perguntávamos como era possível seres humanos serem tão cruéis com outros humanos. Então simplesmente paramos de fazer essas perguntas. Nós, seres humanos, somos capazes de cultivar plantações, escrever poesia, compor música, buscar a verdade, ensinar uma criança a ler e escrever. Somos capazes de inventar novas tecnologias, ou seja, somos os arquitetos de nossa própria evolução. E também somos nós, humanos, capazes de acabar com este mundo em um desastre ecológico que estamos instaurando". (Laura Gutmann 2012).

Estamos hoje, como diz Riane Eisler, numa "encruzilhada evolutiva", pois ambas as opções (tanto o modelo dominador quanto o modelo solidário) são possíveis. (El Silencio de los Caballos, David Castro, 2015.)

O escritor uruguaio Eduardo Galeano expressa muito bem essa ideia em sua "Janela sobre o homem de sucesso":

Não consigo olhar para a lua sem calcular a distância
Não consigo olhar para uma árvore sem calcular a lenha
Você não pode olhar para uma pintura sem calcular o preço
Você não pode olhar um menu sem calcular as calorias.
Você não pode olhar para um homem sem calcular a vantagem.
Você não pode olhar para uma mulher sem calcular o risco.

Trabalho em equipe e cooperação

Há uma palavra que também está na moda nessas atividades: assertividade. Ser assertivo é o novo termo, depois que "ser competitivo" começou a ficar obsoleto e soar um pouco forte para o "trabalho em equipe" das novas tendências empresariais. Ouvi pela primeira vez casualmente nestes cursos com cavalos e pude constatar a forma como se ensina diferentes pessoas a impor aos cavalos algo que eles não querem e que não lhes interessa. É verdade que durante essas atividades as pessoas acabam cooperando e trabalhando em equipe entre si para manipular o cavalo. Para colocá-lo de acordo com a perspectiva e a lógica dessa atividade, eles conseguem "convencê-lo" a se deixar "conduzir" através de uma corda a um lugar onde ele não deseja ir. [37]

$H + \iint + C = AE$

Resumindo, aqui o lugar do cavalo e a sua participação são, lamentavelmente, o mesmo que nas outras atividades que tenho abordado

[37] Não esqueçamos que a maioria dos cavalos é sensível e inteligente o suficiente para perceber que a melhor opção é "colaborar", pois a experiência com humanos mostrou a eles que resistir ou exercer alguma oposição é pior.

ao longo deste livro: ser usado nesta "maravilhosa experiência pessoal". O cavalo não brinca de "liderança pessoal", assim como ele não joga Polo, e nem teria este interesse. Ele não se sente parte da equipe com humanos, nem mesmo parte de um binômio (exceto por alguma fórmula matemática que representasse, com simplicidade e à revelia dos números, o eterno abuso da relação homem-cavalo). Infelizmente não temos em mãos nenhum símbolo que signifique ou represente a ação de **parasitar**. Mas se tivéssemos, a equação seria representada da seguinte forma:

$$H + \iint + C = AE$$

Sendo: H (Homem) + $\iint$ (função parasitar) + C (Cavalo) = AE (Atividades Equestres)

O efeito psicoterapêutico: o cavalo como objeto de terapia

Atualmente e em todos os lugares surgem cada vez mais atividades e cursos sobre autoconhecimento com cavalos, resolução de problemas, terapias e coisas do tipo. Parecem atribuir ao cavalo o papel de "elemento de cura", "espelho" ou outro objeto com grande potencial de mobilização psicológica e/ou espiritual. Dizem até que o cavalo faz parte da equipe, comparável a um terapeuta ocupacional ou a um psicólogo profissional. Acho isso muito difícil de aceitar, pois sei bem qual é a situação geral dos cavalos nesses espaços. Claro que existem muitas variáveis e possibilidades, mas de qualquer forma, por mais eficazes que sejam essas terapias, o cavalo não é considerado como quem realmente é; ele é visto apenas como um simples objeto de terapia, e esta também poderia ser feita com um patinho de borracha, um travesseiro ou qualquer outro objeto. O grande problema é que essas técnicas terapêuticas raramente consideram o cavalo ou levam em conta a sua "gramática fisiológica" básica. Na maioria das vezes não se perguntam se o cavalo deseja converter-se em um ator terapêutico mais do que se pergunta a uma vaca se ela quer ser parte de um almoço.

As atividades assistidas com animais no contexto de maus tratos e o manejo incorreto dos animais em geral

Tal como acontece com outros animais ou pessoas, o que fazemos com os cavalos é violentá-los de várias formas. Nós não os respeitamos quando acreditamos que eles nasceram para nos servir ou para atender às nossas exigências – seja como embutidos e salsichas ou como terapias equestres (terapias ou aulas de autoajuda, que se fazem necessárias em um sistema que nos agride). Não estou simplificando demais, apenas pretendo apresentar a equação para fique claro o que está subjacente e que ainda persiste, tanto nas metodologias naturais e supostamente respeitosas, como na situação análoga aplicada aos cavalos nas sessões de treinamento e terapias equestres. Continuo insistindo nas intenções, mas não me refiro à boa intenção do terapeuta ou do amante de cavalos; refiro-me ao propósito para o qual as ferramentas equestres, as técnicas e metodologias foram criadas e pensadas. Refiro-me às metodologias que são impostas ao cavalo: choque neurocraniano, o movimento de serra [38] ou a "pressão suave" das mãos nas rédeas, exercidas com a embocadura e, claro, o próprio "ferro" [39] em si. Trato também da submissão, do desamparo aprendido e da sujeição quando se pretende colocar um cavalo em uma terapia ou num exercício concebido em função de uma exigência ou entretenimento humano. Nesses casos não há interação livre e espontânea, tampouco respeito. Para obtê-los, precisamos realmente percorrer um longo processo e promover muitas mudanças para que os cavalos (ou crianças) não acabem "pagando o pato". Você não concorda?

[38] Nome da técnica de friccionar violentamente um pedaço de metal (chamado freio ou bridão) contra a mucosa das gengivas e os dentes do cavalo para produzir uma dor aguda e/ou uma descarga semelhante ao que sentimos quando atingimos o nervo ulnar do antebraço e do cotovelo.

[39] Como já expliquei em El Silencio de los Caballos, o freio é um instrumento criado há milhares de anos para produzir dor na boca do cavalo. A sua colocação intencional sobre tecidos onde não pode ser gerado nenhum tipo de "resistência" ou adaptação miológica (por exemplo, um calo), garante a eficácia do artefato, o que não ocorreu com a argola que se usava no passado atravessando (como em touros ou porcos) a cartilagem do septo nasal (septum nasal) do cavalo.

Conclusões

1. A verdade é que não há nada a se aprender a partir dos cavalos, exceto o fato de que eles podem coexistir com outras espécies. Nós não apenas somos capazes de ter a sensibilidade necessária para transcender nosso egoísmo e medos infantis por conta própria, como deveríamos fazê-lo. Definitivamente, nada pode ser aprendido com os cavalos sob a perspectiva anteriormente criticada de liderança ou do melhor desempenho de nossas habilidades sociais aplicadas em nossa busca pessoal por preferências utilitaristas. Tampouco nenhum método de "coaching" ou de "auto-ajuda" para se obter a satisfação das necessidades individuais expostas na gôndola dos supermercados, nas vitrines dos shoppings ou as agendas de governos e economistas pode ser ensinados com o uso dos cavalos.

2. Também considero, como ressaltei no início deste artigo que, ao denominar as pessoas Recursos Humanos, e os animais e a terra que habitamos de Recursos Naturais, o que se faz basicamente é sustentar a velha ideia de que o mundo pertence à raça humana ou, pelo menos, a uma certa parte dela (poderosa o suficiente para destruí-lo de forma impune) e que tudo nele é suscetível de ser explorado, manipulado ou intervencionado.

Uma vez que aprendemos ou somos induzidos a pensar na terra, nos seres e nas pessoas como recursos, sejam eles naturais ou humanos, até a percepção que temos de nós mesmos e de nossos corpos é afetada. Um exemplo simples disso é a nova ideia de *bodybuilding*, ou fisiculturismo, de esculpir o corpo, dar "valor" a ele.

3. As palavras têm poder performativo. Elas moldam o mundo. No momento em que deixarmos de falar de modelos de negócios e empresas, de atributos como eficiência e rentabilidade como sendo as prioridades principais, deixaremos de nos ver como *homo economicus* e como objetos passíveis de serem manipulados por planilhas de cálculo ou pela mente de inventores e profissionais.

Na minha opinião, além de não ser uma mudança na vida dos cavalos, essa nova concepção das necessidades humanas de transporte, terapia e *coaching* alimenta e dissemina rapidamente a ideia do recurso, do capital, seja ele vivo ou inanimado. Em total concordância com Iván Illich, a ideia de que a vida em geral – seja a "vida humana" ou a animal - possa ser objeto de gerenciamento e aperfeiçoamento, e a sua valoração em termos de recursos disponíveis, parece-me impensável do ponto de vista da antiga lógica humanista que considera a pessoa como sujeito de direito diferente de uma coisa.

Algumas propostas

Há muito tempo venho explicando e aprofundando esse tema. No entanto, parece que não ele não chegou a ser compreendido em toda a sua magnitude. Por essa razão, tentarei mudar o foco e propor uma nova linha de reflexão.

Minha proposta, assaz modesta, tenta de alguma forma convidar a um exercício de reflexão e empatia.

Querem fazer terapias que realmente respeitem os cavalos?

1. A primeira coisa que devemos fazer é colocar o bem-estar dos cavalos (ou outros animais) acima de tudo.

2. Devemos criar as condições necessárias para que sempre exista esta primazia. Isso requer, por um lado, uma verdadeira formação "hipológica" sobre hipologia que seja respeitosa entre profissionais e pessoas que lidam com cavalos; e por outro, condições de vida (adequadas à natureza do cavalo) e de interação entre cavalos e pessoas, dignificantes e cuidadosas, bem como um plano a longo prazo.

3. As atividades não devem ser voltadas para ajudar as pessoas, mas sim aos cavalos. Certamente se estaria ajudando também as pessoas. Evidentemente, quem estaria lá para ajudar as pessoas seriam os profissionais, os instrutores e os terapeutas, pois é deles a responsabilidade (ou, se assim preferirem - para isto foram contratados).

Estas são algumas pautas iniciais e pontos sobre os quais devemos refletir para mudar a nossa perspectiva neste sentido. Evidentemente há infinitos pontos ainda a serem abordados, mas suponho que isso seja suficiente, em princípio, para dar uma ideia do que estou propondo. Enquanto não existir ou não for levado em conta o que foi dito anteriormente, não importará se for a EAGALA, a FEI, o NHE ou o Martin Luther King o responsável por certificar as terapias.

Vou estender a proposta a um convite. Pretendo organizar um sistema de formação não só para quem quer aprender, mas também para quem quer, como eu, oferecer uma alternativa a este tipo de atividades terapêuticas e de educação. Uma escolha realmente respeitosa e coerente com as motivações que este tipo de atividade costuma manifestar. Estou convencido de que, a partir de um novo olhar sobre os cavalos e de um intenso respeito por eles, seremos capazes de construir uma proposta com estas características. Pelo menos podemos tentar com honestidade, sinceridade para conosco mesmos e respeito pelos cavalos e outros animais, assim como com muito esforço, determinação e diversão.

Por outro lado, vejo que este pode ser um projeto de cura e restauração, não só para nós, mas também para os cavalos.

Última reflexão

Deixemos os cavalos em paz e comecemos a assumir a responsabilidade pelos estragos que causamos na nossa sociedade, nas nossas crianças e no planeta; não pretendamos seguir usando os animais sob uma nova máscara do mesmo esquema de dominação, exploração e consumo.

Comecemos a nos perceber como pessoas comuns, umas em relação às outras, com uma história e um futuro compartilhados. Comecemos a criar uma cultura de governança e corresponsabilidade para com os espaços comunitários e os seres que convivem conosco e estaremos assim protegendo nossos meios de subsistência.

Esta nova linguagem nos coloca no papel de agentes interativos de grandes coletividades - que deveriam incluir outras espécies - em um território compartilhado.

A nossa participação nestes conjuntos maiores, mas não infinitos, isto é, comunidades locais, grupos de afinidade, tradições intergeracionais não erradica a nossa individualidade, mas certamente moldam as nossas preferências, perspectivas, valores e comportamentos – quem somos.

Como diz David Bollier:

"Somos pessoas comuns, indivíduos criativos e distintos inseridos em grandes totalidades. Podemos ter muitos traços humanos pouco atraentes movidos por medos individuais e pelo ego, mas também somos seres totalmente capazes de auto-organização, cooperação, preocupação com a igualdade e a justiça social e sacrifício em prol de um bem maior e das gerações futuras."

*Hoje em dia, na maioria das vezes, o valor dos
cavalos não está relacionado
a grandes façanhas, nem à força dos saltos
poderosos. Nem sequer com o reconhecimento
de estarmos errados durante toda uma vida
sobre o que pensávamos saber sobre eles. O
verdadeiro valor e a força muitas vezes está
em simplesmente podermos estar junto a eles,
termos a coragem e a vontade de reconhecê-los
e começarmos nossa relação novamente.*

Palavras finais

Palavras finais

No início deste livro abordei os fatos como se fossem parte de uma realidade. Embora cada pessoa possa interpretá-la de maneiras diferentes, ainda assim, esses fatos não deixarão de ser verdadeiros. E sei também que, quando se está imerso em um assunto, pode-se perder a perspectiva. Em geral, me parece ser mais simples a comunicação desses temas e a sua compreensão por pessoas que não fazem parte do meio equestre. Proponho mais uma vez que, se acharem interessante, considerem a jornada e as reflexões apresentadas em meus artigos como um exercício ou como uma brincadeira. Quaisquer que sejam as razões que o aproximaram deste livro, destas palavras, que elas possam ser uma oportunidade de reconsideração, de empatia e de autoquestionamento.

Novamente tenho a sensação, e talvez alguns de vocês concordem, que tudo o que fazemos tem a ver com o caminho para o autoconhecimento e para que possamos dar um sentido a nós mesmos. Aqueles que percorrem o caminho dos cavalos ficarão maravilhados com eles pois, por alguma razão, o cavalo tornou-se um animal simbólico para os povos e culturas que o conheceram. Não duvido que a maioria de vocês já tenha experimentado isso em algum momento de encontro ou contemplação desses seres maravilhosos.

Mas a pergunta continua sendo: o que sente o cavalo? O que nós o fazemos sentir e experimentar durante esses encontros?

A frase do escritor Eduardo Galeano que compartilhei com vocês no início deste livro ainda ressoa em mim: "Somos o que fazemos para mudar quem somos." Desconheço as razões pelas quais cada um de vocês se aproximou dos cavalos, mas gostaria de chamar sua atenção para o que cada um de nós faz com eles ou junto a eles. E é isso que, segundo o escritor uruguaio, define o que somos.

Bibliografia, leituras, vídeos e anexos

Bibliografia, leituras, vídeos e anexos

Geral

Bevilacqua, Michael. *Beyond the dream horse. Words of thrue and horses I y II*

Bekoff, Marc. *Animals Matter.* Shambhala 2007

Castro, David. *El silencio de los Caballos.* conCaballos 2015

Eliot, T. S. *Cuatro cuartetos*

Hernández, José. *Martín Fierro*

Hurst, Ren. *Riding in the power of others.* Vegan publishers 2015

Illich, Ivan. *Obras Reunidas I y II*

May, Stormy. *The Path of the horse DVD*

Nevzorov, Alexander. *The Horse crusified and rised. Tractate on School mont. Equine Sport, secrets of the art.* Nevzorov Haute Ecole Publishing

Material por tópicos e artigos
Shadow e o encantador de cavalos

Desamparo aprendido: https://www.youtube.com/watch?v=Em4V6W74b1M

Desamparo aprendido em TEDS: https://www.youtube.com/watch?v=Ot-B6R-TJVqPM

Sobre a educação de cavalos e (seus) domadores

Foucault, Michel. *Vigilar y Castigar*

Hernández, José. *Martín Fierro*

A arte dos cavalos

Frömm, Erich. *A arte de Amar*

Para aprendermos a nos levantar

Cyrulnik, Boris. *Os patinhos feios*

Gutmann, Laura. *La privación del placer y la violencia*

Prescott, James W. Body *Pleasure and the origins of violence*

O sorriso do cavalo

Miklosi, Adam. *Dog Behaviour, Evolution and Cognition.* http://www.amazon.
es/Behaviour-Evolution-Cognition-Oxford-Biology/dp/0199545669

Jackson, Jaime. *The Natural horse*

Revistas. *Nevzorov Haute Ecole Antologies.* Números 1 a 9. Nevzorov Haute
Ecole Publishing

Documentário. National Geographic documentarys http://www.youtube.
com/watch?v=nj8SfPU037o

Documentário. BBC documentary http://www.youtube.com/
watch?v=yZMegQH1SPg

Revistas. ScienceDaily 24 December 2004. 17 December 2008. *New
Theory Driving Evolutionary Changes.* http://www.sciencedaily.com/
releases/2004/12/041219192823.htm

Os índios e seus cavalos

Campbell, Joseph. *O poder do mito*

Nevzorov, Alexander. *The Horse Crucified and Risen*

Terapias, ensinamentos e coaching com cavalos

Prescott, James W. *Body Pleasure and the origins of violence*

Rodrigáñez Bustos, Casilda. *La represión del deseo materno y la génesis del
estado de sumisión inconsciente*

Sobre como nos encontramos a pintura, os cavalos e eu

por Tamara Esposito

NO momento em que decidi ilustrar esta obra com a proposta de me aventurar em uma nova técnica, sentei-me para reler o primeiro livro de David, quase um ano após minha primeira leitura. Isso me trouxe de volta aquela sensação que tive inicialmente: dinamismo, questionamentos, inquietações e a vontade de entender um pouco mais sobre essa forma de ver e sentir os cavalos. E comecei a pensar - que relação suas palavras teriam comigo? À primeira vista diria que seriam Os Cavalos, que são o tema das minhas pinturas. Mas, pelo momento pessoal em que me encontro, pude sentir que esta conexão está dentro de mim - essa necessidade de me sentir livre para me expressar, para amar, para escolher.

Há algum tempo, no início de minha relação com a pintura, vi o quadro de um cavalo e pensei: que animal lindo! Que difícil de retratar, quantas curvas, quantos músculos! Mas, mesmo assim, eles foram escolhidos sem hesitação como motivo das minhas obras. A forma de pintar, os materiais, as imagens que escolhia, tudo foi mudando e, paralelamente, foi se juntando com o que eu sentia dentro de mim. As curvas já não eram tantas, e nem tão difíceis. Seus músculos se exibiam por conta própria. Tal como é o cavalo: lindo por natureza.

Resido atualmente na província de Córdoba, um lindo lugar que me deu
o maior presente que eu poderia ter recebido: o encontro comigo mesma,
com meus verdadeiros desejos e com muita vontade de me redescobrir.
Meu parceiro nesse caminho é o Mario. Ele me aproximou dos cavalos
através de sua busca. Seu amor e respeito por eles me surpreendiam e
foram o motivo perfeito para que eu buscasse conhecê-los cada dia mais.
Foi nesse exato momento da minha vida que conhecemos David Castro.
Um momento de grande emoção. Poder perceber que não é algo ideal, mas
algo real. Ver que é assim. Que eles vivem - e podem conviver conosco -
dessa maneira.

Em seguida, lá estava eu, com um pincel na mão e uma tela na minha
frente, pensando em tudo o que o cavalo representa para mim. Não foi
tanto o encontro com David, mas como vi e senti os seus cavalos: suaves,
doces, independentes, únicos, autênticos, livres. Foi então que percebi, ao
deixar fluir e com pinceladas suaves, entrelaçadas com a água transparente e
leve que as envolve, como começar a pintar essas obras e permitir que elas
encontrem seu próprio caminho.

Nos sentirmos livres para nos expressar, livres para escolher, livres
para pensar, livres para amar, para nos divertir. E sim, os cavalos querem o
mesmo. Não há momento mais bonito do que vê-los galopar, brincar, se
agregarem. E por acaso não era isso tudo que eu admirava neles? A partir
desse momento começo a escolher o que desejo para mim, para o meu
trabalho, mas também é o que desejo para os cavalos e para todos os
demais. Quantas coisas para serem levadas a uma obra, não é mesmo?
Como é interessante ver, sentir e depois transmitir. Como é encantador e
atraente buscar, por esse caminho, uma obra que seja agradável, suave e
espontânea, mas com uma personalidade específica que me represente.

Conhecer os cavalos de David foi, sem dúvida, a melhor inspiração para
fazer essas ilustrações. Pensar: pensar em como representar um sussurro.
Buscar bem lá dentro essa sensibilidade e deixá-la fluir. Sentir o amor ao
ilustrar e também ao me encontrar com eles, os cavalos. Então, acariciá-los
e pensar em como expressar tamanha nobreza. Assim surgiram estas obras:
aconteceram com suavidade, com calma, trazida de dentro, com tentativa e
erro, mas também com sinceridade e amor. E foi nesse exato momento que
me perguntei: quem não gostaria de ser compreendido e respeitado, quem
não desejaria a liberdade? Ficou mais claro do que nunca que "O cavalo tem
sempre razão" e que dúvidas eu tinha! É assim, tão simples e às vezes tão
difícil de compreender.

Tamara Esposito
Santa Rosa de Calamuchita - Maio de 2016

David Castro

DAVID CASTRO foi domador de cavalos por mais de 10 anos. Nesse período, aplicou técnicas e métodos de diversas domas não violentas, seguindo as orientações de Oscar Scarpati, Klaus F. Hempfling e Carolyne Resnick.

O seu trabalho sempre surpeendeu pela facilidade e rapidez com que apresentava excelentes resultados, até mesmo nos casos mais difíceis.

Nos últimos tempos de sua carreira como treinador de cavalos, começou a considerar que a doma não seria o cenário adequado para o tipo de relação com os cavalos que pretendia alcançar, e assim iniciou um novo percurso orientado para o conceito de educação.

Desde então se dedica a ministrar seminários, cursos e palestras em países de língua espanhola. Em 2010 criou o **Espacio conCaballos**, um centro de ensino e pesquisa sobre as relações entre cavalos e humanos.

Como reconhecimento de sua comprovada compreensão e habilidade prática em implementar seus princípios, a Nevzorov Haute Ecole nomeou-o seu representante na Argentina em 2012. Em 2013 fundou a primeira Escola Argentina de Hipologia.

Até o momento publicou dois livros: *"El silencio de los caballos"* (2015) e *"Y le susurré al caballo"* (2018), além de inúmeros artigos para revistas e para o seu website www.davidcastro.com.ar.

Atualmente trabalha no **Projeto Feralis**, um plano de reselvagerização e pesquisa para a coexistência entre humanos e outros animais.

Sumário